*LIBERALISMO E
DEMOCRACIA*

# NORBERTO BOBBIO

# LIBERALISMO E DEMOCRACIA

*Tradução:*
*Marco Aurélio Nogueira*

**editora brasiliense**

Copyright © by Franco Angeli Libri, s. r. l., *Viale Monza 106*
*Milão, Itália*

Título original: *Liberalismo e democrazia*
*Copyright* © da tradução brasileira: *Editora Brasiliense S.A.*

Nenhuma parte desta publicação pode ser gravada,
armazenada em sistemas eletrônicos, fotocopiada,
reproduzida por meios mecânicos ou outros quaisquer
sem autorização prévia da editora.

Primeira edição, 1988
6ª edição, 1994
11ª reimpressão, 2013

Diretora editorial: *Maria Teresa B. de Lima*
Editor: *Max Welcman*
Diagramação: *Digitexto Bureau e Gráfica*
Revisão: *Marcos Vinícius Toledo*
Capa: *Gilberto Miadaira*

**Dados Internacionais de Catalogação na Publicação (CIP)**
**(Câmara Brasileira do Livro, SP, Brasil)**

Bobbio, Norberto, 1909 – 2004
    Liberalismo e democracia / Norberto Bobbio ; tradução
Marco Aurélio Nogueira. – São Paulo : Brasiliense, 2013.

    Título original: Liberalismo e democracia.
    11ª - reimpr. da 6ª ed. de 1994.
    Bibliografia
    ISBN 978-85-11-14066-8

    1. Democracia 2. Liberalismo 1. Título

05-0931                                                     CDD-320.51

Índices para catálogo sistemático:
1. Liberalismo e democracia : Ciência política    320.51

editora brasiliense ltda
Rua Antônio de Barros, 1839– Tatuapé
CEP 03401-001– São Paulo – SP
www.editorabrasiliense.com.br

# Sumário

1. A liberdade dos antigos e dos modernos . . . . . . . . . . . 7
2. Os direitos do homem. . . . . . . . . . . . . . . . . . . . . . . 11
3. Os limites do poder do Estado . . . . . . . . . . . . . . . . 17
4. Liberdade contra poder. . . . . . . . . . . . . . . . . . . . . . 20
5. O antagonismo é fecundo . . . . . . . . . . . . . . . . . . . 26
6. Democracia dos antigos e dos modernos . . . . . . . . . 31
7. Democracia e igualdade . . . . . . . . . . . . . . . . . . . . 37
8. O encontro entre liberalismo e democracia . . . . . . . . 42
9. Individualismo e organicismo. . . . . . . . . . . . . . . . . 45
10. Liberais e democratas no século XIX . . . . . . . . . . . 49
11. A tirania da maioria . . . . . . . . . . . . . . . . . . . . . . . 55
12. Liberalismo e utilitarismo. . . . . . . . . . . . . . . . . . . 62
13. A democracia representativa. . . . . . . . . . . . . . . . . . 68
14. Liberalismo e democracia na Itália. . . . . . . . . . . . . 72
15. A democracia diante do socialismo . . . . . . . . . . . . . 79
16. O novo liberalismo . . . . . . . . . . . . . . . . . . . . . . . . 85
17. Democracia e ingovernabilidade . . . . . . . . . . . . . . 92
Bibliografia . . . . . . . . . . . . . . . . . . . . . . . . . . . . . . . . 98

# 1. A liberdade dos antigos e dos modernos

A existência atual de regimes denominados liberal-democráticos ali de democracia liberal leva a crer que liberalismo e democracia sejam interdependentes. No entanto, o problema das relações entre eles é extremamente complexo, e tudo menos linear. Na acepção mais comum dos dois termos, por "liberalismo" entende-se uma determinada concepção de Estado, na qual o Estado tem poderes e funções limitadas, e como tal se contrapõe tanto ao Estado absoluto quanto ao Estado que hoje chamamos de social; por "democracia" entende-se uma das várias formas de governo, em particular aquelas em que o poder não está nas mãos de um só ou de poucos, mas de todos, ou melhor, da maior parte, como tal se contrapondo às formas autocráticas, como a monarquia e a oligarquia. Um Estado liberal não é necessariamente democrático: ao contrário, realiza-se historicamente em sociedades nas quais a participação no governo é bastante restrita, limitada às classes possuidoras. Um governo democrático não dá vida necessariamente a um Estado liberal: ao contrário, o Estado liberal clássico foi posto em crise pelo progressivo pro-

8  NORBERTO BOBBIO

cesso de democratização produzido pela gradual ampliação do sufrágio até o sufrágio universal.

Sob a forma da contraposição entre liberdade dos modernos e liberdade dos antigos, a antítese entre liberalismo e democracia foi enunciada e sutilmente defendida por Benjamin Constant (1767-1830) no célebre discurso pronunciado no Ateneu Real de Paris em 1818, do qual é possível fazer começar a história das difíceis e controvertidas relações entre as duas exigências fundamentais de que nasceram os Estados contemporâneos nos países econômica e socialmente mais desenvolvidos: a exigência, de um lado, *de limitar o* poder e, de outro, de *distribuí-lo.*

O objetivo dos antigos – escreve ele, era a distribuição do poder político entre todos os cidadãos de uma mesma pátria: era isso que eles chamavam de liberdade. O objetivo dos modernos é a segurança nas fruições privadas: eles chamam de liberdade às garantias acordadas pelas instituições para aquelas fruições.[1]

Como liberal sincero, Constant considerava que esses dois objetivos estavam em contraste entre si. A participação direta nas decisões coletivas termina por submeter o indivíduo à autoridade do todo e por torná-lo não livre como privado; e isso enquanto a liberdade do privado é precisamente aquilo que o cidadão exige hoje do poder público. Concluía:

---

(1) Benjamin Constant, *De la Liberté des Anciens Comparée à celle des modernes* (1818), in *Collection Complète des Ouvrages,* vol. 4, parte 7, Paris, Béchet Libraire. 1820, p. 253 (trad. it. in B. Constant, introdução e tradução de Umberto Cerroni, Roma, Samonà e Savelli, 1965, p. 252).

Não podemos mais usufruir da liberdade dos antigos, que era constituída pela participação ativa e constante no poder coletivo. A nossa liberdade deve, ao contrário, ser constituída pela fruição pacífica da independência privada.[2]

Constant citava os antigos, mas tinha diante de si um alvo bem mais próximo: Jean-Jacques Rousseau. De fato, o autor do *Contrato social* havia inventado, não sem fortes sugestões dos pensadores clássicos, uma república na qual o poder soberano, uma vez instituído pela concordada vontade de todos, torna-se infalível e "não precisa dar garantias aos súditos, pois é impossível que o corpo queira ofender a todos os seus membros".[3] Não que Rousseau tenha levado o princípio da vontade geral ao ponto de desconhecer a necessidade de limitar o poder do Estado: atribuir a ele a paternidade da "democracia totalitária", é uma polêmica tão generalizada quanto errônea. Embora sustentando que o pacto social dá ao corpo político um poder absoluto, Rousseau também sustenta que "o corpo soberano, da sua parte não pode sobrecarregar os súditos com nenhuma cadeia que seja inútil à comunidade".[4] Mas é certo que esses limites não são pré-constituídos ao nascimento do Estado, como quer a doutrina dos direitos naturais, que representa o núcleo doutrinal do Estado liberal. De fato embora admitindo que "tudo aquilo que, com o pacto social, cada um aliena de seu poder... é unicamente a parte de tudo aquilo cujo uso é importante para a comunidade".

---

(2) Trad. cit., p. 252.

(3) J.-J. Rousseau, *Du contrat social*, I,7 (trad. it., in J.-J. Rousseau, *Scritti politici*, P. Alatri (org.), Turim, Utet, 1970, p. 734).

(4) Trad. cit., p. 744.

Rousseau conclui que "o único corpo soberano é juiz dessa importância".[5]

(5) Trad. cit., p. 744.

# 2. Os direitos do homem

O pressuposto filosófico do Estado liberal, entendido como Estado limitado em contraposição ao Estado absoluto, é a doutrina dos direitos do homem elaborada pela escola do direito natural (ou jusnaturalismo): doutrina segundo a qual o homem, todos os homens, indiscriminadamente, têm por natureza e, portanto, independentemente de sua própria vontade, e menos ainda da vontade de alguns poucos ou de apenas um, certos direitos fundamentais, como o direito à vida, à liberdade, à segurança, à felicidade – direitos esses que o Estado, ou mais concretamente aqueles que num determinado momento histórico detêm o poder legítimo de exercer a força para obter a obediência a seus comandos devem respeitar, e portanto não invadir, e ao mesmo tempo proteger contra toda possível invasão por parte dos outros.

Atribuir a alguém um direito significa reconhecer que ele tem a *faculdade* de fazer ou não fazer algo conforme seu desejo e também o *poder* de resistir, recorrendo, em última instância, à força (própria ou dos outros), contra o eventual transgressor, o qual tem em consequência o *dever* (ou a *obri-*

12 NORBERTO BOBBIO

*gação*) de se abster de qualquer ato que possa de algum modo interferir naquela faculdade de fazer ou não fazer. "Direito" e "dever" são duas noções pertencentes à linguagem prescritiva, e enquanto tais pressupõem a existência de uma norma ou regra de conduta que atribui a um sujeito a faculdade de fazer ou não fazer alguma coisa ao mesmo tempo em que impõe a quem quer que seja a abstenção de toda ação capaz de impedir, seja por que modo for, o exercício daquela faculdade. Pode-se definir o jusnaturalismo como a doutrina segundo a qual existem leis não postas pela vontade humana – que por isso mesmo precedem à formação de todo grupo social e são reconhecíveis através da pesquisa racional – das quais derivam, como em toda e qualquer lei moral ou jurídica, direitos e deveres que são, pelo próprio fato de serem derivados de uma lei natural, direitos e deveres naturais. Falou-se do jusnaturalismo como pressuposto "filosófico" do liberalismo porque ele serve para fundar os limites do poder à base de uma concepção geral e hipotética da natureza do homem que prescinde ele toda verificação empírica e de toda prova histórica.

No capítulo II do *Segundo tratado sobre o governo*, Locke, um dos pais do liberalismo moderno, parte do estado de natureza descrito como um estado de perfeita liberdade e igualdade, governado por uma lei da natureza que

> ensina a todos os homens, desde que desejem consultá-la, que, sendo todos iguais e independentes, ninguém deve provocar danos aos demais no que se refere à vida, à saúde, à liberdade ou às posses.[6]

---

(6) John Locke, *Two Treatises of Government* (1690), II, 6 (trad. it., L. Pareyson (org.), Turim, Utet, 3ª ed., 1980, p. 231).

## LIBERALISMO E DEMOCRACIA

Essa descrição é fruto da reconstrução fantástica de um presumível estado originário do homem, cujo único objetivo é o de aduzir uma boa razão para justificar os limites do poder do Estado. A doutrina dos direitos naturais, de fato, está na base das Declarações dos Direitos proclamadas nos Estados Unidos da América do Norte (a começar de 1776) e na França revolucionária (a começar de 1789), através das quais se afirma o princípio fundamental do Estado liberal como Estado limitado:

> O objetivo de toda associação política é a conservação dos direitos naturais e não prescritíveis do homem (art. 2º da Declaração dos Direitos do Homem e do Cidadão, 1789).

Enquanto teoria diversificadamente elaborada por filósofos, teólogos e juristas, a doutrina dos direitos do homem pode ser considerada como a racionalização póstuma do estado de coisas a que conduziu, especialmente na Inglaterra e muitos séculos antes, a luta entre a monarquia e as outras forças sociais, que se concluiu com a concessão da Magna Carta por parte de João Sem Terra (1215), quando as faculdades e os poderes que nos séculos futuros serão chamados de "direitos do homem" são reconhecidos sob o nome de "liberdade" *(libertates, franchises, freedom)*, ou seja, como esferas individuais de ação e de posse de bens protegidos perante o poder coativo do rei. Embora esta e as sucessivas cartas tenham a forma jurídica de concessões soberanas, elas são de fato o resultado de um verdadeiro pacto entre partes contrapostas no que diz respeito aos direitos e deveres recíprocos na relação política, isto é, na relação entre dever de proteção (por parte do soberano) e dever de obediência (no qual consiste a assim chamada "obrigação política" por parte do súdito), comumente chamado de *pactum subiectionis*. Numa carta das "liberdades" o objeto principal do acordo são as formas e os limites da obediência, ou seja, a obrigação política, e correlativamente as formas e os limites do direito de comandar. Essas antigas cartas, como de resto as cartas constitucionais *octroyées*\* das monarquias constitucionais da idade da restauração depois (entre as quais o estatuto albertino de 1848), têm a figura jurídica da concessão, que é um ato unilateral, embora sejam de fato o resultado de um acordo bilateral. São por isso uma típica forma de ficção jurídica, que tem por objetivo salvaguardar o princípio da superioridade do rei, e portanto assegurar a permanência da forma de governo monárquica, não obstante a ocorrida limitação dos poderes tradicionais do detentor do poder supremo.

Naturalmente, mesmo nesse caso, o curso histórico que dá origem a determinada ordenação jurídica e a sua justificação racional apresentam-se com os termos invertidos: historicamente, o Estado liberal nasce de uma contínua e progressiva erosão do poder absoluto do rei e, em períodos históricos de crise mais aguda, de uma ruptura revolucionária (exemplares os casos da Inglaterra do século XVII e da França do fim do século XVIII); racionalmente, o Estado liberal é justificado como o resultado de um acordo entre indivíduos inicialmente livres que convencionam estabelecer os vínculos estritamente necessários a uma convivência pacífica e duradoura. Enquanto o curso histórico procede de um estado inicial de servidão a estados sucessivos de conquista de espaços de liberdade por parte dos sujeitos através de um processo de gradual liberalização, a doutrina percorre o caminho inverso, na medida em que parte da hipótese de um estado inicial de liberdade, e apenas enquanto concebe o homem como naturalmente livre é que consegue construir a sociedade política como uma sociedade com soberania limitada. Em substância, a doutrina,

---

(\*) Em francês no original: outorgadas (N. T.)

especialmente a doutrina dos direitos naturais, inverte o andamento do curso histórico, colocando no inicio como fundamento, e portanto como *prius,* aquilo que é historimente o resultado, *oposterius.*

Afirmação dos direitos naturais e teoria do contrato social, ou contratualismo, estão estreitamente ligados. A ideia de que o exercício do poder político apenas é legítimo se fundado sobre o consenso daqueles sobre os quais deve ser exercido (também esta é uma tese lockiana), e portanto sobre um acordo *entre* aqueles que decidem submeter-se a um poder superior e *com* aqueles a quem esse poder é confiado, é uma ideia que deriva da pressuposição de que os indivíduos têm direitos que não dependem da instituição de um soberano e que a instituição do soberano tem a principal função de permitir a máxima explicitação desses direitos compatível com a segurança social. O que une a doutrina dos direitos do homem e o contratualismo é a comum concepção individualista da sociedade, concepção segundo a qual primeiro existe o indivíduo singular com seus interesses e com suas carências, que tomam a forma de direitos em virtude da assunção de uma hipotética lei da natureza, e depois a sociedade, e não vice-versa como sustenta o organicismo em todas as suas formas, segundo o qual a sociedade é anterior aos indivíduos ou, conforme a fórmula aristotélica destinada a ter êxito ao longo dos séculos, o todo é anterior às partes. O contratualismo moderno representa uma verdadeira reviravolta na história do pensamento político dominado pelo organicismo na medida em que, subvertendo as relações entre indivíduo e sociedade, faz da sociedade não mais um fato natural, a existir independentemente da vontade dos indivíduos, mas um corpo artificial, criado pelos indivíduos à sua imagem e semelhança e para a satisfação de seus interesses e carências e o mais amplo exercício de seus direitos.

Por sua vez, o acordo que dá origem ao Estado é possível porque, segundo a teoria do direito natural, existe na natureza uma lei que atribui a todos os indivíduos alguns direitos fundamentais de que o indivíduo apenas pode se despir voluntariamente, dentro dos limites em que esta renúncia, concordada com a análoga renúncia de todos os outros, permita a composição de uma livre e ordenada convivência.

Sem essa verdadeira revolução copernicana, à base da qual o problema do Estado passou a ser visto não mais da parte do poder soberano, mas da parte dos súditos, não seria possível a doutrina do Estado liberal, que é *in primis* a doutrina dos limites jurídicos do poder estatal. Sem individualismo não há liberalismo.

# 3. Os limites do poder do Estado

Falou-se até aqui genericamente de Estado limitado ou de limites do Estado. Deve-se agora precisar que essa expressão compreende dois aspectos diversos do problema, aspectos que nem sempre são bem distinguidos: a) os limites dos *poderes;* b) os limites *das funções* do Estado. A doutrina liberal compreende a ambos, embora possam eles ser tratados separadamente, um excluindo o outro. O liberalismo é uma doutrina do Estado limitado tanto com respeito aos seus poderes quanto às suas funções. A noção corrente que serve para representar o primeiro é *Estado de direito;* a noção corrente para sentar o segundo é *Estado mínimo.* Embora o liberalismo conceba o Estado como Estado de direito quanto como Estado mínimo, pode ocorrer um Estado de direito que não seja mínimo (por exemplo, o Estado social contemporâneo) e pode-se também conceber um Estado mínimo que não seja um Estado de direito (tal como, com respeito à esfera econômica, o Leviatã hobbesiano, que é ao mesmo tempo absoluto no mais pleno sentido da palavra e liberal em economia). Enquanto o Estado de direito se contrapõe ao Estado absoluto entendido como *legibus solutus,* o Estado mínimo se contrapõe ao Estado máximo: deve-se, então, dizer que o Estado liberal se afirma na luta contra o Estado absoluto em defesa do Estado de direito e contra o Estado máximo em defesa do Estado mínimo, ainda que nem sempre os dois movimentos de emancipação coincidam histórica e praticamente.

Por Estado de direito entende-se, geralmente, um Estado em que os poderes públicos são regulados por normas gerais (as leis fundamentais ou constitucionais) e devem ser exercidos no âmbito das leis que os regulam, salvo o direito do cidadão de recorrer a um juiz independente para fazer com que seja reconhecido e refutado o abuso ou excesso de poder. Assim entendido, o Estado de direito reflete a velha doutrina – associada aos clássicos e transmitida através das doutrinas políticas medievais – da superioridade do governo das leis sobre o governo dos homens, segundo a fórmula *lex facit regem,*[7] doutrina essa sobrevivente inclusive na idade do absolutismo, quando a máxima *princeps legibus solutus*[8] é entendida no sentido de que o soberano não estava sujeito às leis positivas que ele próprio emanava, mas estava sujeito às leis divinas ou naturais e às leis fundamentais do reino. Por outro lado, quando se fala de Estado de direito no âmbito da doutrina liberal do Estado, deve-se acrescentar à definição tradicional uma determinação ulterior: a constitucionalização dos direitos naturais, ou seja, a transformação desses direitos em direitos juridicamente protegidos, isto é, em verdadeiros direitos positivos. Na doutrina liberal, Estado de direito significa não só subordinação dos poderes públicos de qualquer grau às leis gerais do país, limite que é puramente formal, mas

---

(7)   H. Braclon, De *Legibus et consuetudinibus angliae,* G. E. Woodbine, (org), Cambridge, Mass., Harvard University Press, 1968, vol. 2, p. 33.

(8)   Ulpiano, Di*g.,* I, 3, 31.

também subordinação das leis ao limite material do reconhecimento de alguns direitos fundamentais considerados constitucionalmente, e portanto em linha de princípio "invioláveis" (esse adjetivo se encontra no art. 2º da constituição italiana). Desse ponto de vista, pode-se falar de Estado de direito em sentido forte para distingui-lo do Estado de direito em sentido fraco, que é o Estado não-despótico, isto é, dirigido não pelos homens, mas pelas leis, e do Estado de direito em sentido fraquíssimo, tal como o Estado Kelseniano segundo o qual, uma vez resolvido o Estado no seu ordenamento jurídico todo Estado é Estado de direito (e a própria noção de Estado de direito perde toda força qualificadora).

Do Estado de direito em sentido forte, que é aquele próprio da doutrina liberal, são parte integrante todos os mecanismos constitucionais que impedem ou obstaculizam o exercício arbitrário e ilegítimo do poder e impedem ou desencorajam o abuso ou o exercício ilegal do poder. Desses mecanismos os mais importantes são: 1) o controle do Poder Executivo por parte do Poder Legislativo; ou, mais exatamente, do governo, a quem cabe o Poder Executivo, por parte do parlamento, a quem cabe cm última instância o Poder Legislativo e a orientação política; 2) o eventual controle do parlamento no exercício do Poder Legislativo ordinário por parte de uma corte jurisdicional a quem se pede a averiguação da constitucionalidade das leis; 3) uma relativa autonomia do governo local em todas as suas formas e em seus graus com respeito ao governo central; 4) uma magistratura independente do poder político.

# 4. Liberdade contra poder

Os mecanismos constitucionais que caracterizam o Estado de direito têm o objetivo de defender o indivíduo dos abusos do poder. Em outras palavras, são garantias de liberdade, da assim chamada liberdade negativa, entendida como esfera de ação em que o indivíduo não está obrigado por quem detém o poder coativo a fazer aquilo que não deseja ou não está impedido de fazer aquilo que deseja. Há uma acepção de liberdade – que é a acepção prevalecente na tradição liberal – segundo a qual "liberdade" e "poder" são dois termos antitéticos, que denotam duas realidades em contraste entre si e são, portanto, incompatíveis: nas relações entre duas pessoas, à medida que se estende o poder (poder de comandar ou de impedir) de uma diminui a liberdade em sentido negativo da outra e, vice-versa, à medida que a segunda amplia a sua esfera de liberdade diminui o poder da primeira. Deve-se agora acrescentar que, para o pensamento liberal, a liberdade individual está garantida, mais que pelos mecanismos constitucionais do Estado de direito, também pelo fato de que ao Estado são reconhecidas tarefas limitadas à manutenção da ordem

# LIBERALISMO E DEMOCRACIA

pública interna e internacional. No pensamento liberal, teoria do controle do poder e teoria da limitação das tarefas do Estado procedem no mesmo passo: pode-se até mesmo dizer que a segunda é a *conditio sine qua non* da primeira, no sentido de que o controle dos abusos do poder é tanto mais fácil quanto mais restrito é o âmbito em que o Estado pode estender a própria intervenção, ou mais breve e simplesmente no sentido de que o Estado mínimo é mais controlável do que o Estado máximo. Do ponto de vista do indivíduo, do qual se põe o liberalismo, o Estado é concebido como um mal necessário; e enquanto mal, embora necessário (e nisso o liberalismo se distingue do anarquismo), o Estado deve se intrometer o menos possível na esfera de ação dos indivíduos. Às vésperas da revolução americana, Thomas Paine (1737-1809), autor de um ensaio em defesa dos direitos do homem, expressou com grande clareza tal pensamento:

> A sociedade é produzida por nossas carências e o governo por nossa perversidade; a primeira promove a nossa felicidade *positivamente* mantendo juntos os nossos afetos, o segundo *negativamente* mantendo sob freio os nossos vícios. Uma encoraja as relações, o outro cria as distinções. A primeira protege, o segundo pune. A sociedade é sob qualquer condição uma bênção; o governo, inclusive na sua melhor forma, nada mais é do que um mal necessário, e na sua pior forma é insuportável.[9]

Uma vez definida a liberdade no sentido predominante da doutrina liberal como liberdade *em relação ao* Estado, o processo de formação do Estado liberal pode ser identificado

---

(9)   Thomas Paine, *Common Sense* (1776) (trad. it., in Thomas Paine, *I diritti dell'uomo*, T. Magri (org.), Editori Riuniti, 1978. p. 65).

com o progressivo alargamento da esfera de liberdade do indivíduo, diante dos poderes públicos (para usar os termos de Paine), com a progressiva emancipação da sociedade ou da sociedade civil, no sentido hegeliano e marxiano, em relação ao Estado. As duas principais esferas nas quais ocorre essa emancipação são a esfera religiosa ou em geral espiritual e a esfera econômica ou dos interesses materiais. Segundo a conhecida tese weberiana sobre as relações entre ética calvinista e espírito do capitalismo, os dois processos estão estreitamente ligados. Mas independentemente dessa discutida conexão, é um fato que a história do Estado liberal coincide, de um lado, com o fim dos Estados confessionais e com a formação do Estado neutro ou agnóstico quanto às crenças religiosas de seus cidadãos, e, de outro lado, com o fim dos privilégios e dos vínculos feudais e com a exigência de livre disposição dos bens e da liberdade de troca que assinala o nascimento e o desenvolvimento da sociedade mercantil burguesa.

Sob esse aspecto, a concepção liberal do Estado contrapõe-se às várias formas de paternalismo, segundo as quais o Estado deve tomar conta de seus súditos tal como o pai de seus filhos, posto que os súditos são considerados como perenemente menores de idade. Um dos fins a que se propõe Locke com os seus *Dois ensaios sobre o governo* é o de demonstrar que o poder civil, nascido para garantir a liberdade e a propriedade dos indivíduos que se associam com o propósito de se autogovernar é distinto do governo paterno e mais ainda do patronal. O paternalismo também é um dos alvos melhor definidos e golpeados por Kant (1724-1804), para quem

> um governo fundado sobre o princípio da benevolência para com o povo, como o governo de um pai sobre os filhos, isto é, um governo paternalista *(imperium paternale)*, no qual os súditos, tal como filhos menores incapazes de distinguir o útil do prejudicial, estão obrigados

LIBERALISMO E DEMOCRACIA

a se comportar apenas passivamente, para esperar que o chefe do Estado julgue de que modo devem eles ser felizes e para aguardar apenas da sua bondade que ele o queira, um governo assim é o pior despotismo que se possa imaginar.[10]

Kant preocupa-se, sobretudo, com a liberdade moral dos indivíduos. Sob o aspecto da liberdade econômica ou da melhor maneira de prover aos próprios interesses materiais, não menos clara e conhecida é a preocupação de Adam Smith, para quem, "segundo o sistema da liberdade natural", o soberano tem apenas três deveres de grande importância, vale dizer, a defesa da sociedade contra os inimigos externos, a proteção de todo indivíduo das ofensas que a ele possam dirigir os outros indivíduos, e o provimento das obras públicas que não poderiam ser executadas se confiadas à iniciativa privada. Embora possam ser distantes os pontos de partida de cada um deles, tanto em Kant quanto em Smith a doutrina dos limites das tarefas do Estado funda-se sobre o primado da liberdade do indivíduo com respeito ao poder soberano e, em consequência, sobre a subordinação dos deveres do soberano aos direitos ou interesses do indivíduo.

Ao final do século das Declarações dos Direitos de Kant e de Smith, Wilhelm von Humboldt (1767-1835) escreve a síntese mais perfeita do ideal liberal do Estado, com as Ideias *para um "Ensaio sobre os limites da atividade do estado"* (1792). Como se não bastasse o título, para compreender a

---

(10)  E. Kant, Uber den Gemeinspruch: Das mag in der Theorie richtigsein, taugt aber nicht für die Praxis (1793) (trad. it., Sopra il ditto commune: "Qusto puó essere giusto in teoria ma non vale per la pratica", in E. Kant, Scritti Politici e di Filosofia della Storia e del Diritto, Turim, Utet, 1956, p. 255).

intenção do autor podemos recorrer à máxima inserida no primeiro capítulo, extraída de Mirabeau pai:

> O difícil é promulgar apenas as leis necessárias e permanecer sempre fiel ao princípio verdadeiramente constitucional da sociedade, o de se proteger do furor de governar, a mais funesta doença dos governos modernos.

Sobre o ponto de partida do indivíduo em sua inefável singularidade e variedade, o pensamento de Humboldt é seco e conciso. O verdadeiro objetivo do homem, afirma, é o máximo desenvolvimento de suas faculdades. Em vista do alcance desse fim, a máxima fundamental que deve guiar o Estado ideal é a seguinte:

> O homem verdadeiramente razoável não pode desejar outro Estado que não aquele no qual cada indivíduo possa gozar da mais ilimitada liberdade de desenvolver a si mesmo, em sua singularidade inconfundível, e a natureza física não receba das mãos do homem outra forma que não a que cada indivíduo, na medida de suas carências e inclinações, a ela pode dar por seu livre-arbítrio, com as únicas restrições que derivam dos limites de suas forças e de seu direito![11]

A consequência que Humboldt extrai dessa premissa é que o Estado não deve se imiscuir "na esfera dos negócios privados dos cidadãos, salvo se esses negócios se traduzirem imediatamente numa ofensa ao direito de um por parte de

---

(11) W. von Humboldt, *Ideen zu einem "Versuch die Grenzenl des Staates zu bestimmen"* (I792) (trad. it., *Idee per un "Saggio sui limiti dell'azione dello stato"*, F. Serra (org.), Bolonha, Il Mulino, 1961, p. 62).

# LIBERALISMO E DEMOCRACIA

outro".[12] Ao lado da subversão das relações tradicionais entre indivíduos e Estado, próprio da concepção orgânica, ocorre também, com respeito a essas próprias relações, a subversão dos nexos entre meio e fim: segundo Humboldt, o Estado não é um fim em si mesmo, mas apenas um meio "para a formação do homem". Se o Estado tem um fim último, esse é o de "elevar os cidadãos ao ponto de poderem eles perseguir espontaneamente o fim do Estado, movidos pela única ideia da vantagem que a organização estatal a eles oferece para o alcance dos próprios objetivos individuais".[13] Repetidas vezes se afirma no ensaio que fim do Estado é apenas a "segurança", entendida como a "certeza da liberdade no âmbito da lei".[14]

(12)  Trad. cit., p. 63.
(13)  Trad. cit., p. 99.
(14)  Trad. cit., p. 113.

# 5. O antagonismo é fecundo

Ao lado do tema da liberdade individual como fim único do Estado e do tema do Estado como meio e não como fim em si mesmo, o escrito de Humboldt apresenta um outro motivo de grande interesse para a reconstrução da doutrina liberal: o elogio da "variedade". Numa cerrada crítica ao Estado providencial, ao Estado que demonstra excessiva solicitude para com o "bem-estar" dos cidadãos (uma crítica que prefigura a análoga denúncia dos presumíveis equívocos do Estado assistencial por parte do neoliberalismo contemporâneo), Humboldt explica que a intervenção do governo para além das tarefas que lhe cabem – relativas à ordem externa e à ordem interna – termina por criar na sociedade comportamentos uniformes que sufocam a natural variedade dos caráteres e das disposições. Aquilo a que os governos tendem, a despeito dos indivíduos, são o bem-estar e a calma: "Mas o que o homem persegue e deve perseguir é algo completamente diverso, é variedade e atividade".[15] Quem pensa diver-

---

(15) Trad. cit., p. 65.

LIBERALISMO E DEMOCRACIA

samente suscita a fundada suspeita de considerar os homens como autômatos. "De decênio em decênio" – anota (mas o que não teria afirmado diante da "cela de aço" do Estado burocrático de hoje?) – "aumentam, na maior parte dos Estados, o pessoal dos funcionários e os arquivos, enquanto diminui a liberdade dos súditos".[16] Conclui: "Desconsideram-se assim os homens... para ocuparem-se das coisas; as energias para interessarem-se pelos resultados".[17]

Desse modo, a defesa do indivíduo contra a tentação do Estado de prover ao seu bem-estar golpeia não apenas a esfera dos interesses, mas também a esfera moral; hoje estamos demasiadamente influenciados pela crítica exclusivamente econômica ao *Welfare State* para nos darmos conta de que o primeiro liberalismo nasce com uma forte carga ética, com a crítica do paternalismo, tendo a sua principal razão de ser na defesa da autonomia da pessoa humana. Sob esse aspecto, Humboldt vincula-se a Kant, este e Humboldt a Constant. Mesmo em Smith, que de resto antes de ser um economista foi um moralista, a liberdade tem um valor moral.

Ao tema da variedade individual contraposta à uniformidade estatal vincula-se o outro tema característico e inovador do pensamento liberal: a fecundidade do antagonismo. A tradicional concepção orgânica da sociedade estima a harmonia, a concórdia mesmo que forçada, a subordinação regulada e controlada das partes ao todo, condenando o conflito como elemento de desordem e de desagregação social. Ao contrário disso, em todas as correntes de pensamento que se contrapõem ao organicismo afirma-se a ideia de que o contraste entre indivíduos e grupos em concorrência entre si (inclusive entre Estados, donde o elogio da guerra como formadora da

(16) Trad. cit., p. 73.

(17) Trad. cit., p. 74.

virtude dos povos) é benéfico e é uma condição necessária do progresso técnico e moral da humanidade, o qual apenas se explicita na contraposição de opiniões e de interesses diversos, desde que desenvolvida essa contraposição no debate das ideias para a busca da verdade, na competição econômica para o alcance do maior bem-estar social, na luta política para a seleção dos melhores governantes. Compreende-se assim como é que, partindo dessa concepção geral do homem e da sua história, a liberdade individual entendida como emancipação dos vínculos que a tradição, o costume, as autoridades sacras e profanas impuseram aos indivíduos no decorrer dos séculos, torne-se uma condição necessária para permitir (juntamente com a expressão da "variedade" dos caráteres inviduais) o conflito e, no conflito, o aperfeiçoamento recíproco.

No ensaio *Ideia de uma história universal de um ponto de vista cosmopolita* (1784), Kant expressou com o máximo desprendimento a convicção de que o antagonismo é "o meio de que se serve a natureza para realizar o desenvolvimento de todas as suas disposições"[18] entendendo por "antagonismo" a tendência do homem de satisfazer os próprios interesses em concorrência com os interesses de todos os demais: uma tendência que excita todas as suas energias, o induz a vencer a inclinação à preguiça e a conquistar um posto entre os seus consócios. Sobre o significado não apenas econômico, mas moral da sociedade antagônica contraposta à sociedade harmônica, Kant formula um juízo que pode muito bem ser considerado o núcleo essencial do pensamento liberal: "Sem a insocialidade, todos os talentos permaneceriam fechados numa vida pastoral arcádica...; sem ela os homens, tal como as boas ovelhas con-

---

(18) E. Kant, *Idee zu einer allgemeinen Geschichte in weltbürgerlicher Absicht,* 1784 (trad. it., *Idea di una storia universale dal punto di vista cosmopolitico, in scritti politici,* cit., p. 127).

LIBERALISMO E DEMOCRACIA 29

duzidas ao pastoreio, não dariam valor algum à existência". E do enunciado desse juízo categórico extrai o seguinte hino à sapiência da criação:

> Devemos, então, dar graças à natureza pela intratabilidade que gera, pela invejosa emulação da vaidade, pela cupidez jamais satisfeita de possuir e de dominar! Sem isso, todas as excelentes disposições naturais intrínsecas à humanidade permaneceriam eternamente adormecidas sem qualquer desenvolvimento.[19]

Como teoria do Estado limitado, o liberalismo contrapõe o Estado de direito ao Estado absoluto e o Estado mínimo ao Estado máximo. Através da teoria do progresso mediante o antagonismo, entra em campo a contraposição entre os livres Estados europeus e o despotismo oriental. A categoria do despotismo é antiga e sempre teve, além do seu significado analítico, um forte valor polêmico. Com a expansão do pensamento liberal, a ela se acrescenta uma ulterior conotação negativa: precisamente em decorrência da submissão geral – pela qual, como já havia dito Maquiavel, o principado do Turco é governado "por um príncipe e todos os outros são servos",[20] ou então, como dirá Hegel (1770-1831), nos reinos despóticos do Oriente "apenas um é livre"[21] –, os Estados

---

(19) Trad. cit., p. 128.

(20) N. Machiavelli. *Il principe,* cap. 4, in *Tutte le opere,* F. Flora (org), Milão, Mondadori, 1949, vol. 1, p. 14.

(21) G. W. F. Hegel, *Vorlesungen über die Philosophie der Geschichte* (trad. it., *Lezione sulla filosofia della storia,* Florença, La Nuova Italia, 1947, vol. I, p. 158).

despóticos são estacionários e imóveis, não estando sujeitos à lei do progresso indefinido que vale apenas para a Europa civil. Desse ponto de vista, o Estado liberal converte-se, mais que numa categoria política geral, também num critério de interpretação histórica.

# 6. Democracia dos antigos e dos modernos

Como teoria do Estado (e também como chave de interpretação da história), o liberalismo é moderno, enquanto a democracia, como forma de governo, é antiga. O pensamento político grego nos transmitiu uma célebre tipologia das formas de governo das quais uma é a democracia, definida como governo dos muitos, dos mais, da maioria, ou dos pobres (mas onde os pobres tomam a dianteira é sinal de que o poder pertence ao *pléthos,* à massa), em suma, segundo a própria composição da palavra, como governo do povo, em contraposição ao governo de uns poucos. Seja o que for que se diga, a verdade é que, não obstante o transcorrer dos séculos e todas as discussões que se travaram em torno da diversidade da democracia dos antigos com respeito à democracia dos modernos, o significado descritivo geral do termo não se alterou, embora se altere, conforme os tempos e as doutrinas, o seu significado valorativo, segundo o qual o governo do povo pode ser preferível ao governo de um ou de poucos e vice-versa. O que se considera que foi alterado na passagem da democracia dos antigos à democracia dos modernos, ao menos no julgamento dos que veem como útil tal contraposição, não é o titular do poder político, que é sempre o "povo", entendido como o conjunto dos cidadãos a que cabe em última instância o direito de tomar as decisões coletivas, mas o modo (mais ou menos amplo) de exercer esse direito: nos mesmos anos em que, através das Declarações dos Direitos, nasce o Estado constitucional moderno, os autores do *Federalista* contrapõem a democracia direta dos antigos e das cidades medievais à democracia representativa, que é o único governo popular possível num grande Estado. Hamilton se exprime do seguinte modo:

> É impossível ler a respeito das pequenas repúblicas da Grécia e da Itália sem provar sentimentos de horror e desgosto pelas agitações a que estavam elas submetidas, e pela rápida sucessão de revoluções que as mantinham num estado de perpétua incerteza entre os estádios extremos da tirania e da anarquia.[22]

Madison lhe faz eco:

> O defensor de governos populares jamais se encontrará tão embaraçado em considerar o caráter e o destino deles como quando apreciar a facilidade com que degeneram aquelas formas corruptas do viver político.[23]

Afirmar que o defeito da democracia citadina fosse o agitar-se das facções era, na realidade, um pretexto e refletia o antigo e sempre recorrente desprezo pelo povo por parte dos grupos oligárquicos: as divisões entre partes contrapostas

---

(22) A. Hamilton, J. Jay e J. Madison, *The Federalist* (1788) (trad. it., *Il federalista*, M. D'Addio e G. Negri (orgs.), Bolonha, Il Mulino, 1980, p. 83).

(23) Trad. cit., p. 89.

LIBERALISMO E DEMOCRACIA

iriam se reproduzir sob a forma de partidos nas assembleias dos representantes. O que, ao contrário, constituía a única e sólida razão da democracia representativa eram objetivamente as grandes dimensões dos Estados modernos, a começar da própria união das treze colônias inglesas, a respeito de cuja constituição os escritores do *Federalista* estavam discutindo. Havia reconhecido isso o próprio Rousseau, admirador apaixonado dos antigos que tinha tomado a defesa da democracia direta sustentando que "a soberania não pode ser representada" e, portanto, "o povo inglês crê ser livre, mas se equivoca redondamente; só o é durante a eleição dos membros do parlamento; tão logo são esses eleitos, ele volta a ser escravo, não é mais nada".[24] Rousseau, entretanto, também estava convencido de que "uma verdadeira democracia jamais existiu nem existirá", pois exige, acima de tudo, um Estado muito pequeno, "no qual seja fácil ao povo se reunir"; em segundo lugar, "uma grande simplicidade de costumes"; além do mais, "uma grande igualdade de condições e fortunas"; por fim, "pouco ou nada de luxo". Donde era levado a concluir: "Se existisse um povo de deuses, seria governado democraticamente. Mas um governo assim perfeito não é feito para os homens".[25] Tanto os autores do *Federalista* quanto os constituintes franceses estavam convencidos de que o único governo democrático adequado a um povo de homens era a democracia representativa, aquela forma de governo em que o povo não toma ele mesmo as decisões que lhe dizem respeito, mas elege seus próprios representantes, que devem por ele decidir. Mas não pensavam realmente que instituindo uma democracia representativa acabariam por enfraquecer o princípio do governo popular. Prova disso é que a primeira constituição escrita dos

(24)   J. J. Rousseau, *Du contrat social, II*, 15 (trad. cit., p. 802).

(25)   Trad. cit., p. 777.

estados da América do Norte, a da Virgínia (1776) –, mas a mesma fórmula se encontra também nas constituições sucessivas –, diz: "Todo o poder repousa no povo e, em consequência, dele deriva; os magistrados são os seus fiduciários e servidores, e durante todo o tempo responsáveis perante ele"; e o artigo 3º da Declaração de 1789 repete: "O princípio de toda soberania reside essencialmente na nação. Nenhum corpo, nenhum indivíduo pode exercer uma autoridade que não emane expressamente da nação". À parte o fato de que o exercício direto do poder de decisão por parte dos cidadãos não é incompatível com o exercício indireto através de representantes eleitos, como demonstra a existência de constituições como a italiana vigente (que previu o instituto do *referendum* popular, embora apenas com eficácia ab-rogativa), tanto a democracia direta quanto a indireta descendem do mesmo princípio da soberania popular, apesar de se distinguirem pelas modalidades e pelas formas com que essa soberania é exercida.

De resto, a democracia representativa também nasceu da convicção de que os representantes eleitos pelos cidadãos estariam em condições de avaliar quais seriam os interesses gerais melhor do que os próprios cidadãos, fechados demais na contemplação de seus próprios interesses particulares; portanto, a democracia indireta seria mais adequada precisamente para o alcance dos fins a que fora predisposta a soberania popular. Também sob esse aspecto a contraposição entre democracia dos antigos e democracia dos modernos termina por ser desviante, na medida em que a segunda se apresenta, ou é apresentada, como mais perfeita, com respeito ao fim, do que a primeira. Para Madison, a delegação da ação do governo a um pequeno número de cidadãos de provada sabedoria tornaria "menos provável o sacrifício do bem do país a considerações particularistas e transitórias".[26] Mas isso desde que o deputado, uma vez eleito, se comportasse não como um homem de confiança dos eleitores que o tinham posto no parlamento, mas como um representante da nação inteira. Para que a democracia fosse em sentido próprio representativa, era necessário que fosse excluído o mandato vinculatório do eleitor para com o eleito, característico do Estado de estamentos, no qual os estamentos, as corporações, os corpos coletivos transmitiam ao soberano, através de seus delegados, as suas reivindicações particulares. Também nessa matéria o ensinamento vinha da Inglaterra. Burke havia dito:

> Exprimir uma opinião é um direito de todo homem; a dos eleitores é uma opinião que pesa e deve ser respeitada, e um representante precisa estar sempre pronto a escutá-la... Mas instruções imperativas, mandatos aos quais o membro das Assembleias deve expressa e cegamente obedecer, tais coisas são completamente estranhas às leis dessa terra.[27]

Para tornar inclusive formalmente vinculatória a separação entre representante e representado, os constituintes franceses, seguindo a opinião eficazmente exposta por Siéyes (1748-1836), introduziram na constituição de 1791 a proibição de mandato imperativo com o art. $7^{\circ}$, da seç. III, do cap. I, do título II, que prescreve: "Os representantes nomeados nos departamentos não serão representantes de um departamento particular, mas da nação inteira, e não poderá ser dado a eles

---

(26) The Federalist, cit., p. 96.

(27) Edmund Burke, Speech at the Conclusion of the Poll on his Being Declared Duly Elected, in The Works, J. Dodsley, 1792, vol. 2, p. 15.

nenhum mandato".[28] Desde então, a proibição feita aos representantes de receber um mandato vinculatório da parte de seus eleitores tornar-se-á um princípio essencial ao funcionamento do sistema parlamentar, o qual, exatamente em virtude desse princípio, distingue-se do velho Estado de estamentos em que vigora o princípio oposto da representação corporativa fundada sobre o vínculo de mandato do delegado que é institucionalmente chamado a defender os interesses da corporação, disso não se podendo distanciar sob pena de perder o direito de representação. A dissolução do Estado de estamento liberta o indivíduo na sua singularidade e na sua autonomia: é ao indivíduo enquanto tal, não ao membro de uma corporação, que cabe o direito de eleger os representantes da nação – os quais são chamados pelos indivíduos singulares para representar a nação em seu conjunto e devem, portanto, desenvolver sua ação e tomar suas decisões sem qualquer vínculo de mandato. Se por democracia moderna entende-se a democracia representativa, e se à democracia representativa é inerente a desvinculação do representante da nação com respeito ao singular indivíduo representado e aos seus interesses particularistas, então a democracia moderna pressupõe a atomização da nação e a sua recomposição num nível mais elevado e ao mesmo tempo mais restrito que é o das assembleias parlamentares. Mas tal processo de atomização é o mesmo processo do qual nasceu a concepção do Estado liberal, cujo fundamento deve ser buscado, como se disse, na afirmação dos direitos naturais e invioláveis do indivíduo.

---

(28)   Para um comentário sobre o tema, ver P. Violanle, *Lo spuzio della reppresentanza. I. Francia 1788-1789*, Palermo, Renzo Mazzone Editore, 1981.

# 7. Democracia e igualdade

O liberalismo dos modernos e a democracia dos antigos foram frequentemente considerados antitéticos, no sentido de que os democratas da antiguidade não conheciam nem a doutrina dos direitos naturais nem o dever do Estado de limitar a própria atividade ao mínimo necessário para a sobrevivência da comunidade. De outra parte, os modernos liberais nasceram exprimindo uma profunda desconfiança para com toda forma de governo popular, tendo sustentado e defendido o sufrágio restrito durante todo o arco do século XIX e também posteriormente. Já a democracia moderna não só não é incompatível com o liberalismo como pode dele ser considerada, sob muitos aspectos e ao menos até um certo ponto, um natural prosseguimento.

Com uma condição: que se tome o termo "democracia" em seu significado jurídico-institucional e não no ético, ou seja, num significado mais procedimental do que substancial. É inegável que historicamente "democracia" teve dois significados prevalecentes, ao menos na origem, conforme se coloca em maior evidência o conjunto das regras cuja observância é necessária para que o poder político seja efetivamente distribuído entre a maior parte dos cidadãos, as assim chamadas regras do jogo, ou o ideal em que um governo democrático deveria se inspirar, que é o da igualdade. À base dessa distinção costuma-se distinguir a democracia formal da substancial, ou, através de outra conhecida formulação, a democracia como governo do povo da democracia como governo para o povo. Não é o caso, aqui, de repetir ainda uma vez que nessas duas acepções a palavra "democracia" é usada em dois significados diversos o suficiente para produzirem inúteis e intermináveis discussões, como a dedicada a saber se é mais democrático um regime em que a democracia formal não se faz acompanhar de uma ampla igualdade ou o regime em que uma ampla igualdade é obtida através de um governo despótico. Desde que na longa história da teoria democrática se combinam elementos de método e motivos ideais, que apenas se encontram fundidos na teoria rousseauniana, na qual o ideal fortemente igualitário que a move só encontra realização na formação da vontade geral, ambos os significados são historicamente legítimos. Mas a legitimidade histórica de seu uso não permite nenhuma ilação sobre a eventual presença de elementos conotativos comuns.

Dos dois significados, é o primeiro que está historicamente ligado à formação do Estado liberal. No caso de se assumir o segundo, o problema das relações entre liberalismo e democracia torna-se muito complexo, tendo já dado lugar, e há motivos para crer que continuará a dar lugar, a debates inconclusivos. De fato, nesse modo o problema das relações entre liberalismo e democracia se resolve no difícil problema das relações entre liberdade e igualdade, um problema que pressupõe uma resposta unívoca a essas duas perguntas: "Qual liberdade? Qual igualdade?".

Em seus significados mais amplos, quando se estendam à esfera econômica respectivamente o direito à liberdade e o direito à igualdade, como ocorre nas doutrinas opostas do liberismo* e do igualitarismo, liberdade e igualdade são valores antitéticos, no sentido de que não se pode realizar plenamente um sem limitar fortemente o outro: uma sociedade liberal-liberista é inevitavelmente não-igualitária, assim como uma sociedade igualitária é inevitavelmente não-liberal. Libertarismo e igualitarismo fundam suas raízes em concepções do homem e da sociedade profundamente diversas: individualista, conflitualista e pluralista a liberal; totalizante, harmônica e monista a igualitária. Para o liberal, o fim principal é a expansão da personalidade individual, mesmo se o desenvolvimento da personalidade mais rica e dotada puder se afirmar em detrimento do desenvolvimento da personalidade mais pobre e menos dotada; para o igualitário, o fim principal é o desenvolvimento da comunidade em seu conjunto, mesmo que ao custo de diminuir a esfera de liberdade dos singulares.

A única forma de igualdade que não só é compatível com a liberdade tal como entendida pela doutrina liberal, mas que é inclusive por essa solicitada, é a igualdade na liberdade: o que significa que cada um deve gozar de tanta liberdade quanto compatível com a liberdade dos outros, podendo fazer tudo o que não ofenda a igual liberdade dos outros. Praticamente desde as origens do Estado liberal essa forma de igualdade inspira dois princípios fundamentais, que são enunciados em normas constitucionais: a) a igualdade perante a lei; b) a igualdade dos direitos. O primeiro pode ser encontrado nas constituições francesas de 1791, 1793 e 1795; e depois gradativamente no art. 1º da Carta de 1814, no art. 6º da constituição belga de 1830, no art. 24 do estatuto albertino (1848). De

---

(*) Como ficará claro ao longo do texto, e particularmente no capítulo 16, *infra,* em italiano fala-se em "liberismo" para designar sobretudo o universo do liberalismo econômico, do livre-cambismo, ficando o termo "liberalismo" reservado para o universo do liberalismo político. (N. T.)

igual dimensão é considerada a XIV Emenda da Constituição dos Estados Unidos, que deseja assegurada a cada cidadão "a igual proteção das leis". O segundo encontra-se afirmado solenemente no art. 1º da Declaração dos Direitos do Homem e do Cidadão de 1789: "Os homens nascem e devem permanecer livres e iguais em seus direitos". Ambos os princípios atravessam toda a história do constitucionalismo moderno e estão conjuntamente expressos no art. 3º primeiro parágrafo, da constituição italiana vigente: "Todos os cidadãos têm idêntica dignidade social e são iguais perante a lei".

O princípio da igualdade perante a lei pode ser interpretado restritivamente como uma diversa formulação do princípio que circula em todos os tribunais: "A lei é igual para todos". Nesse sentido significa simplesmente que o juiz deve ser imparcial na aplicação da lei e, como tal, faz parte integrante dos remédios constitutivos e aplicativos do Estado de direito, sendo assim inerente ao Estado liberal pela já mencionada identificação do Estado liberal com o Estado de direito. Extensivamente, isso significa que todos os cidadãos devem ser submetidos às mesmas leis e devem, portanto, ser suprimidas e não retomadas as leis específicas das singulares ordens ou estados: o princípio é igualitário porque elimina uma discriminação precedente. No preâmbulo da constituição de 1791, lê-se que os constituintes desejaram abolir "irrevogavelmente as instituições que feriam a liberdade e a igualdade dos direitos", e entre tais instituições são incluídas as mais características instituições feudais. O preâmbulo se encerra com uma frase: "Não existem mais para parte alguma da nação, nem para algum indivíduo, qualquer privilégio ou exceção ao direito comum de todos os franceses", que ilustra *a contrario,* como melhor não se poderia desejar, o significado do princípio da igualdade diante da lei como recusa da sociedade por estamentos e, assim, ainda uma vez, como afirmação da sociedade em que os sujeitos originários são apenas os indivíduos *uti singuli.*

Quanto à igualdade nos ou dos direitos, ela representa um momento ulterior na equalização dos indivíduos com respeito à igualdade perante a lei entendida como exclusão das discriminações da sociedade por estamentos: significa o igual gozo por parte dos cidadãos de alguns direitos fundamentais constitucionalmente garantidos. Enquanto a igualdade perante a lei pode ser interpretada como uma forma específica e historicamente determinada de igualdade jurídica (por exemplo, no direito de todos de ter acesso à jurisdição comum ou aos principais cargos civis e militares, independentemente do nascimento), a igualdade nos direitos compreende a igualdade em todos os direitos fundamentais enumerados numa constituição, tanto que podem ser definidos como fundamentais aqueles, e somente aqueles, que devem ser gozados por todos os cidadãos sem discriminações derivadas da classe social, do sexo, da religião, da raça, etc. O elenco dos direitos fundamentais varia de época para época, de povo para povo, e por isso não se pode fixar um elenco de uma vez por todas: pode-se apenas dizer que são fundamentais os direitos que numa determinada constituição são atribuídos a todos os cidadãos indistintamente, em suma, aqueles diante dos quais todos os cidadãos são *iguais.*

# 8. O encontro entre liberalismo e democracia

Nenhum dos princípios de igualdade, acima ilustrados, vinculados ao surgimento do Estado liberal, tem a ver com o igualitarismo democrático, o qual se estende ao ponto de perseguir o ideal de uma certa equalização econômica estranha à tradição do pensamento liberal. Este se projetou até a aceitação, além da igualdade jurídica da igualdade das oportunidades, que prevê a equalização dos pontos de partida, mas não dos pontos de chegada. Com respeito, portanto, aos vários significados possíveis de igualdade, liberalismo e democracia estão a não se encontrar, o que explica, entre outras coisas, a contraposição histórica entre eles durante uma longa fase. Em que sentido, então, a democracia pode ser considerada o prosseguimento e o aperfeiçoamento do Estado liberal, ao ponto mesmo de justificar o uso da expressão "liberal-democracia" para designar um certo número de regimes atuais? Não só o liberalismo é compatível com a democracia, mas a democracia pode ser considerada o natural desenvolvimento do Estado liberal apenas se tomada não pelo lado de seu ideal igualitário, mas pelo lado da sua fórmula política, que é, como se

# LIBERALISMO E DEMOCRACIA

viu, a soberania popular. O único modo de tornar possível o exercício da soberania popular é a atribuição ao maior número de cidadãos do direito de participar direta e indiretamente na tomada das decisões coletivas; em outras palavras, é a maior extensão dos direitos políticos até o limite último do sufrágio universal masculino e feminino, salvo o limite da idade (que em geral coincide com a maioridade). Embora muitos escritores liberais tenham contestado a oportunidade da extensão do sufrágio e no momento da formação do Estado liberal a participação no voto fosse consentida apenas aos proprietários, a verdade é que o sufrágio universal não é em linha de princípio contrário nem ao Estado de direito nem ao Estado mínimo. Ao contrário, deve-se dizer que se foi formando uma tal interdependência entre um e outro que, enquanto no início puderam se formar Estados liberais que não eram democráticos (a não ser nas declarações de princípio), hoje Estados liberais não-democráticos não seriam mais concebíveis, nem Estados democráticos que não fossem também liberais. Existem, em suma, boas razões para crer: a) que hoje o método democrático seja necessário para a salvaguarda dos direitos fundamentais da pessoa, que estão na base do Estado liberal; b) que a salvaguarda desses direitos seja necessária para o correto funcionamento do método democrático.

Com respeito ao primeiro ponto deve-se observar o que segue: a maior garantia de que os direitos de liberdade sejam protegidos contra a tendência dos governantes de limitá-los e suprimi-los está na possibilidade que os cidadãos tenham de defendê-los contra os eventuais abusos. O melhor remédio contra o abuso de poder sob qualquer forma – mesmo que "melhor" não queira realmente dizer nem ótimo nem infalível – é a participação direta ou indireta dos cidadãos, do maior número de cidadãos, na formação das leis. Sob esse aspecto, os direitos políticos são um complemento natural dos direitos de liberdade e dos direitos civis, ou, para usar as conhecidas expressões tornadas célebres por Jellinek (1851-1911), os *iura activae civitatis* constituem a melhor salvaguarda que num regime não fundado sobre a soberania popular depende unicamente do direito natural de resistência à opressão.

Com respeito ao segundo ponto, que se refere não mais à necessidade da democracia para a sobrevivência do Estado liberal, mas, ao contrário, ao reconhecimento dos direitos invioláveis da pessoa sobre os quais se funda o Estado liberal para o bom funcionamento da democracia, deve-se observar que a participação no voto pode ser considerada um correto e eficaz exercício de um poder político, isto é, o poder de influenciar a formação das decisões coletivas, apenas caso se desenvolva livremente, quer dizer, apenas se o indivíduo se dirige às urnas para expressar o próprio voto goza das liberdades de opinião, de imprensa, de reunião, de associação, de todas as liberdades que constituem a essência do Estado liberal, e que enquanto tais passam por pressupostos necessários para que a participação seja real e não fictícia.

Ideais liberais e método democrático vieram gradualmente se combinando num modo tal que, se é verdade que os direitos de liberdade foram desde o início a condição necessária para a direta aplicação das regras do jogo democrático, é igualmente verdadeiro que, em seguida, o desenvolvimento da democracia se tornou o principal instrumento para a defesa dos direitos de liberdade. Hoje, apenas os Estados nascidos das revoluções liberais são democráticos e apenas os Estados democráticos protegem os direitos do homem: todos os Estados autoritários do mundo são ao mesmo tempo antiliberais e antidemocráticos.

# 9. Individualismo e organicismo

Esse nexo recíproco entre liberalismo e democracia é possível porque ambos têm um ponto de partida comum: o indivíduo. Ambos repousam sobre uma concepção individualista da sociedade. Toda a história do pensamento político está dominada por uma grande dicotomia: organicismo (holismo) e individualismo (atomismo). Mesmo que o movimento não seja retilíneo, pode-se dizer com uma certa aproximação que o organicismo é antigo, e o individualismo moderno (ou pelo menos dele se pode fazer começar a teoria do Estado moderno): uma contraposição historicamente mais correta que a proposta por Constant entre democracia (antiga) e liberalismo (moderno). Enquanto o organicismo considera o Estado como um grande corpo composto de partes que concorrem – cada uma segundo sua própria destinação e em relação de interdependência com todas as demais – para a vida do todo, e portanto não atribui nenhuma autonomia aos indivíduos *uti singuli,* o individualismo considera o Estado um conjunto de indivíduos e o resultado da atividade deles e das relações por eles estabelecidas entre si. O princípio constitutivo do organi-

46 NORBERTO BOBBIO

cismo foi formulado de uma vez para sempre por Aristóteles, nas primeiras páginas da *Política:* "O todo precede necessariamente à parte, com o que, quebrado o todo, não haverá mais nem pés nem mãos", com a consequência de que "a cidade é por natureza (atente-se: "por natureza") anterior ao indivíduo".[29] Para se encontrar uma completa e perfeitamente consciente teoria individualista é preciso chegar a Hobbes, que parte da hipótese de um estado de natureza em que existem apenas indivíduos separados uns dos outros por suas paixões e por seus interesses contrapostos, indivíduos forçados a se unir de comum acordo numa sociedade política para fugir da destruição recíproca. Essa reviravolta no ponto de partida tem consequências decisivas para o nascimento do pensamento liberal e democrático moderno. No que diz respeito ao liberalismo, uma coerente concepção orgânica, que considera o Estado uma totalidade anterior e superior às suas partes, não pode conceder nenhum espaço a esferas de ação independentes do todo, não pode reconhecer uma distinção entre esfera privada e esfera pública, nem justificar a subtração dos interesses individuais, satisfeitos nas relações com outros indivíduos (o mercado), ao interesse público. No que diz respeito à democracia, que se funda sobre uma concepção ascendente do poder, o organicismo, fundando-se ao contrário sobre uma concepção descendente, se inspira em modelos autocráticos de governo: difícil imaginar um organismo em que sejam os membros a comandar e não a cabeça.

Resta dizer que, embora sendo o liberalismo e a democracia concepções individualistas, o indivíduo da primeira não é o mesmo indivíduo da segunda, ou para dizer melhor, o interesse individual que a primeira se propõe a proteger não é o protegido pela segunda. O que pode servir para explicar,

---

(29)   Aristóteleles, *Politica*, 1253a (trad. it C. A, Viano (org.), Turim, Utet, 1955, p. 54).

ainda uma vez, porque é que a combinação entre liberalismo e democracia não apenas é possível, como também necessária. Nenhuma concepção individualista da sociedade prescinde do fato de que o homem é um ser social, nem considera o indivíduo isolado. O individualismo não deve ser confundido com o anarquismo filosófico à Stirner (1806-1856). Mas as relações do indivíduo com a sociedade são vistas pelo liberalismo e pela democracia de modos diversos: o primeiro extrai o singular do corpo orgânico da sociedade e o faz viver, ao menos por uma larga parte da sua vida, fora do ventre materno, pondo-o no mundo desconhecido e pleno de perigos da luta pela sobrevivência; o segundo o reúne aos outros homens, a ele semelhantes, para que da união deles a sociedade seja recomposta não mais como um todo orgânico, mas como uma associação de indivíduos livres. O primeiro reivindica a liberdade individual tanto na esfera espiritual quanto na econômica contra o Estado; o segundo reconcilia o indivíduo com a sociedade fazendo desta o produto de um acordo dos indivíduos entre si. O primeiro faz do singular o protagonista de toda atividade que se desenrola fora do Estado; o segundo o faz protagonista de uma forma diversa de Estado, na qual as decisões coletivas são tomadas diretamente pelos singulares ou por seus delegados ou representantes. Do indivíduo o primeiro põe em evidência a capacidade de se autoformar, de desenvolver as próprias faculdades, de progredir intelectual e moralmente em condições de máxima liberdade em relação a vínculos externos impostos coercitivamente; o segundo exalta, sobretudo, a capacidade de superar o isolamento através de vários expedientes capazes de permitir a instituição de um poder comum não tirânico. Das duas faces do indivíduo, o primeiro observa a que está voltada para o interior; o segundo, a voltada para o exterior. Trata-se de dois indivíduos potencialmente diversos: o indivíduo como microcosmo ou totalidade em si mesma completa, ou como partícula indivisível (átomo), mas diversamente componível e recomponível com outras partículas semelhantes numa unidade artificial (e, portanto, sempre decomponível).

Tanto o individualismo liberal quanto o individualismo democrático nascem, como se disse, em contraste com as várias formas de organicismo, mas através de dois processos diversos: o primeiro por gradual corrosão da totalidade, através da qual os indivíduos, como filhos tornados maiores de idade, destacam-se do grupo primitivo onipotente e onipresente e conquistam espaços sempre mais amplos de ação pessoal; o segundo por dissolução interna da compacta unidade global, donde se formam partes independentes umas das outras e todas juntas do inteiro, e começam a ter vida própria. O primeiro processo tem por efeito a redução aos mínimos termos do poder público, o segundo o reconstitui, mas como soma de poderes particulares, o que é evidente no contratualismo que funda o Estado sobre um instituto jurídico, como o contrato, próprio da esfera do direito privado, onde se encontram vontades particulares para a formação de uma vontade comum.

# 10. Liberais e democratas no século XIX

No continente europeu, a história do Estado liberal e da sua continuação no Estado democrático pode ter seu início fixado justamente na idade da restauração que, com uma certa ênfase retórica – não desprezível no ano do décimo aniversário do regime fascista, quando aquelas páginas foram publicadas (1932) –, Benedetto Croce (1866-1952) chamou de idade da "religião da liberdade", na qual acreditava ver o "período germinal" de uma nova civilização.[30] Em seu conceito de liberdade, Croce incluía sem maiores distinções tanto a liberdade liberal, por exemplo na passagem em que fala de "substituição do absolutismo de governo pelo constitucionalismo", quanto a liberdade democrática, ao falar das "reformas no eleitorado e da ampliação da capacidade política", às quais acrescenta a "libertação do domínio estrangeiro" (ou liberdade como independência nacional). Mas quanto ao "período germinal", embora não desejando chegar às "florestas germânicas" em

---

(30)  Benedetto Croce, *Storia d'Europa nel secolo decimonono*, Bari, Laterza 1932, p. 21.

que teria nascido a liberdade dos modernos, segundo Montesquieu retomado por Hegel a teoria e a práxis moderna do Estado liberal tinham na verdade começado na Inglaterra do século XVII, que permaneceu por séculos o modelo ideal para a Europa e os Estados Unidos da América. Naquele cadinho de ideias, naquele pulular de seitas religiosas e de movimentos políticos que foi a revolução puritana, abriram caminho todas as ideias de liberdade pessoal, de religião de opinião e de imprensa destinadas a se tornarem o patrimônio duradouro do pensamento liberal. Em seu êxito sangrento havia-se afirmado a superioridade do parlamento sobre o rei, que, embora gradualmente e de maneira alternada, terminaria por impor o Estado representativo como forma ideal de constituição, cuja eficácia ainda subsiste (inclusive porque não foi substituída por nada melhor); a doutrina da separação dos poderes inspirou Montesquieu e através dele o constitucionalismo americano e europeu. Se por democracia se entende, como fazemos aqui, a extensão dos direitos políticos a todos os cidadãos maiores, então o ideal democrático teve a sua primeira afirmação forte nos anos da *great rebellion:* foram de fatos os niveladores que, no *Pacto do Livre Povo Inglês* (1649), afirmaram pela primeira vez, contra o princípio dominante (e por dois séculos mantido intangível) da limitação dos direitos políticos apenas aos proprietários, o princípio democrático segundo o qual

a suprema autoridade da Inglaterra e dos territórios a ela incorporados será e residirá de agora em diante numa representação do povo composta por quatrocentas pessoas, não mais, na eleição das quais – justa a lei da natureza – todos os homens maiores de vinte e um anos...

LIBERALISMO E DEMOCRACIA 51

terão direito de voto e serão elegíveis para aquele cargo supremo.[31]

Além do mais, apenas na Inglaterra, a partir da segunda revolução (1688), a passagem da monarquia constitucional à monarquia parlamentar, da monarquia limitada à democracia alargada, ocorre por evolução interna, sem tremores violentos ou retrocessos, através de um processo gradual e pacífico.

Na França, que sob tantos aspectos foi um guia para a Europa continental, o processo de democratização foi bem mais acidentado: a tentativa de impô-lo pela força na revolução de 1848, rapidamente debelada, levou à instauração de um novo regime cesarista (o segundo império de Napoleão III). Enquanto o último regime cesarista inglês, a ditadura de Cromwell, estava já distante, na França a rápida passagem da república jacobina ao império napoleônico suscitou nos escritores fortes sentimentos liberais antidemocráticos, que não morrerão tão cedo e deixarão profundas marcas no debate sobre a possível e auspiciosa continuidade entre Estado liberal e Estado democrático. Junto aos escritores conservadores tornou-se quase um lugar-comum, não sem reminiscências clássicas e em particular platônicas, a tese segundo a qual democracia e tirania são as duas faces de uma mesma moeda e o cesarismo nada mais tinha sido do que a natural e terrível consequência da desordem provocada pelo advento da república e dos demagogos. Nas últimas páginas da *Democracia lia América*. Tocqueville (1805-1859) formulará sua célebre profecia:

> Imaginemos sob quais novos aspectos o despotismo poderia ser produzido no mundo: vejo uma multidão inu-

---

(31)   Ver *in* V. Gabrieli, Puritanesimo e Libertà, Turim, Einaudi, 1956, pp. 155-156.

52 NORBERTO BOBBIO

merável de homens semelhantes e iguais, que nada mais fazem que girar sobre si mesmos em busca de pequenos e vulgares prazeres com que saciar a alma... Acima deles ergue-se um poder imenso e tutelar, que se encarrega sozinho de lhes garantir a satisfação dos bens e de velar por sua sorte. É absoluto, minucioso, sistemático, previdente e brando.[32]

A passagem ainda mais rápida da efêmera república (1848) ao Segundo Império pareceu dar razão ao perspicaz descobridor da democracia americana.

Por todo o século os processos de liberalização e de democratização continuaram a se desenvolver, ora conjuntamente, ora separadamente, conforme o alargamento do sufrágio fosse considerado uma necessária integração do Estado liberal ou um obstáculo ao seu desenvolvimento, um acréscimo ou uma diminuição de liberdade. À base desse diverso modo de viver, a relação entre Estado liberal e democracia prolongou-se no amplo alinhamento liberal a contraposição entre um liberalismo radical, ao mesmo tempo liberal e democrático, e um liberalismo conservador, liberal mas não democrático, que jamais renunciou à batalha contra qualquer proposta de alargamento do direito de voto, considerado uma ameaça à liberdade. Do mesmo modo, no âmbito do amplo alinhamento democrático, passaram a existir democratas liberais e democratas não-liberais, esses segundos interessados mais na distribuição do poder que em sua limitação, nas instituições do autogoverno mais que na divisão do governo central, mais na separação horizontal que na vertical dos poderes, mais na

---

(32) Alexis de Tocqueville, *De la démocratie en Amerique* (1835-1840) (trad. it., *in* A. De Tocqueville, *Scritti politici*, N. Matteuci (org.), Turim, Utet, vol. 2, p. 812).

LIBERALISMO E DEMOCRACIA 53

conquista da esfera pública que na cuidadosa defesa da esfera privada. Enquanto liberais democratas e democratas liberais terminarão por confluir uns nos outros na promoção gradual das várias etapas, mais ou menos numerosas, do alargamento dos direitos políticos até o sufrágio universal, os democratas puros ficarão vizinhos aos primeiros movimentos socialistas, embora numa relação frequentemente de concorrência, como acontece na Itália com o partido mazziniano. Entre os democratas puros e os liberais conservadores a distância é tamanha que faz com que sejam reciprocamente incompatíveis.

Esquematicamente, a relação entre liberalismo e democracia pode ser representada segundo estas três combinações: a) liberalismo e democracia são compatíveis e, portanto, componíveis, no sentido de que pode existir um Estado liberal e democrático sem, porém, que se possa excluir um Estado liberal não-democrático e um Estado democrático não-liberal (o primeiro é o dos liberais conservadores, o segundo o dos democratas radicais); b) liberalismo e democracia são antitéticos, no sentido de que a democracia levada às suas extremas consequências termina por destruir o Estado liberal (como sustentam os liberais conservadores) ou pode se realizar plenamente apenas num Estado social que tenha abandonado o ideal do Estado mínimo (como sustentam os democratas radicais): c) liberalismo e democracia estão ligados necessariamente entre si, no sentido de que apenas a democracia está em condições de realizar plenamente os ideais liberais e apenas o Estado liberal pode ser a condição de realização da democracia. Usando as categorias da moralidade, quanto à combinação *a,* a relação é de possibilidade (liberalismo *vel* democracia); quanto à *b,* a relação é de impossibilidade (liberalismo *aut* democracia); quanto à *c,* é de necessidade (liberalismo *e* democracia). No momento mesmo em que a democracia, como forma de governo, se conjuga tanto com o liberalismo quanto com o socialismo, também a relação entre democracia e socialismo pode ser representada de igual modo como relação de possibilidade ou de possível coexistência, de impossibilidade (por parte dos democratas liberais ou, no extremo oposto, dos defensores da ditadura do proletariado), ou de necessidade, como nas doutrinas e nos movimentos socialdemocratas segundo os quais apenas através da democracia se realiza o socialismo e apenas no socialismo o processo de realização da democracia chega ao seu pleno cumprimento.

# 11. A tirania da maioria

As duas alas do liberalismo europeu, a mais conservadora e a mais radical, são bem representadas, respectivamente, pelos dois maiores escritores liberais do século passado, Alexis de Tocqueville e John Stuart Mill (1807-1873). Contemporâneos (o primeiro nascido em 1805 e o segundo em 1807), chegaram a se conhecer e se estimaram. Mill escreveu na *London Review,* órgão dos radicais ingleses, uma longa resenha do primeiro volume da *Democracia na América.*[33] Na obra sobre a democracia representativa, publicada quando o amigo já estava morto (1861), recorda aos seus leitores aquela *great wurk.*[34] Da sua parte, Tocqueville, ao receber já moribundo o ensaio sobre a liberdade, escreve ao autor: "Não duvido que

---

(33)  J. S. Mill, "Tocqueville on Democracy in America", in *London Review,* junho-janeiro, 1835-1936, pp. 85-129 (trad. it., D. Cofrancesco (org.), Nápoles, Guida, 1971, pp. 90-169).

(34)  J. S. Mill, *Considerations on Representative Government, in Collected Papers of John Stuart Mill,* Londres, University of Toronto Press, Routledge and Kegan paul, Londres, 1977, vol. 19, p. 468.

56  NORBERTO BOBBIO

você sinta a todo instante que neste terreno da liberdade não possamos caminhar sem nos darmos a mão".[35] Mesmo considerando a diferença de tradições, de cultura e de temperamento, a obra dos dois grandes escritores representa bem o que de comum havia nas duas maiores tradições do pensamento liberal europeu, a inglesa e a francesa. Tócqueville havia dedicado anos de estudo e de reflexão à democracia de uma sociedade nova e projetada para o futuro, como a americana; Mill, de outra parte, menos insular do que muitos de seus compatriotas, conhecia o pensamento francês, a começar de Comte (1798-1857).

Tocqueville foi antes liberal que democrata. Estava firmemente convencido de que a liberdade, principalmente a liberdade religiosa e moral (mais que a econômica), era o fundamento e o fermento de todo poder civil. Mas havia compreendido que o século nascido da revolução caminhava impetuosa e inexoravelmente em direção à democracia. Era um processo incontrolável. Na introdução à primeira parte (Livro I) da sua obra (1835) perguntou-se

> Por acaso existe alguém capaz de pensar que a democracia, depois de ter destruído o feudalismo e vencido os reis, retrocederá diante dos burgueses e dos ricos? Será possível que interrompa sua marcha justamente agora que se tornou tão forte e seus adversários tão fracos?[36]

Tocqueville explicava que o seu livro havia sido escrito sob a impressão de uma espécie de terror religioso perante

---

(35)  "Tocqueville on Democracy in America", trad. cit., p. 13.

(36)  Alexis de Tocqueville, De la Démocratie en Amérique, trad. cit., II, p. 19.

a "revolução irresistível" que, sobrepujando todo obstáculo, continuava a avançar em meio às ruínas por ela mesma produzidas. Por toda a vida, após a viagem aos Estados Unidos em que procurara compreender as condições de uma sociedade democrática num mundo tão diverso do europeu e na qual pudera apreender "a imagem da própria democracia", foi assediado pela pergunta: "Poderá a liberdade sobreviver, e como, na sociedade democrática?".

Na linguagem de Tocqueville "democracia" significa, por um lado, forma de governo em que todos participam da coisa pública, o contrário de aristocracia; por outro lado, significa a sociedade que se inspira no ideal da igualdade e que, ao se estender, acabará por submergir as sociedades tradicionais fundadas sobre uma ordem hierárquica imutável. A ameaça que deriva da democracia como forma de governo é para ele, como de resto para o amigo John Stuart Mill, a tirania da maioria: o perigo que a democracia corre como progressiva realização do ideal igualitário é o nivelamento, cujo efeito final é o despotismo. São duas formas diversas de tirania e, portanto, ambas, embora de maneira diversa, são a negação da liberdade. O fato de que na obra de Tocqueville esses dois significados de democracia jamais tenham sido muito bem distinguidos pode induzir o leitor a juízos diversos, senão opostos, a respeito da postura tocquevilliana diante da democracia. Considerada a democracia não um conjunto de instituições das quais a mais característica é a participação do povo no poder político, mas um sistema que exalta o valor da igualdade não só política como social (igualdade das condições em prejuízo da liberdade), Tocqueville se revela sempre um escritor liberal e não-democrático. Jamais demonstra a menor hesitação em antepor a liberdade do indivíduo à igualdade social, na medida em que está convencido de que os povos democráticos, apesar de terem uma inclinação natural para a liberdade, têm "uma paixão ardorosa, insaciável, eter-

## 58 NORBERTO BOBBIO

na, invencível" pela igualdade e embora "desejem a igualdade na liberdade" são também capazes, se não podem obtê-la, de "desejarem a igualdade na escravidão".[37] Estão dispostos a suportar a pobreza, não a aristocracia.

À tirania da maioria Tocqueville dedica o capítulo sétimo da segunda parte do Livro I de *A democracia na América*. O princípio de maioria é um princípio igualitário na medida em que pretende fazer com que prevaleça a força do número sobre a força da individualidade singular; repousa sobre o argumento de que "existem mais cultura e mais sabedoria em muitos homens reunidos do que num só, no número mais do que na qualidade dos legisladores. É a teoria da igualdade aplicada à inteligência.[38]

Entre os efeitos deletérios da onipotência da maioria, estão a instabilidade do Legislativo, a conduta frequentemente arbitrária dos funcionários o conformismo das opiniões, a redução do número de homens ilustres na cena política. Para um liberal como Tocqueville, o poder é sempre nefasto, não importa se régio ou popular. O problema político por excelência é o relativo não tanto a quem detém o poder quanto ao modo de controlá-lo e limitá-lo. O bom governo não se julga pelo número grande ou pequeno dos que o possuem, mas pelo número grande ou pequeno das coisas que lhe é lícito fazer.

> A onipotência é em si coisa má e perigosa... Não há sobre a terra autoridade tão respeitável em si mesma, ou revestida de um direito tão sagrado, que eu deixaria agir sem controle e dominar sem obstáculos. Quando vejo concedidos o direito e a faculdade de tudo fazer a uma

---

(37)  Trad. cit., II, p. 288.

(38)  Trad. cit., II, p. 293.

LIBERALISMO E DEMOCRACIA 59

potência qualquer, seja ela povo ou rei, democracia ou aristocracia, exercida numa monarquia ou numa república, afirmo: está ali o germe da tirania.[39]

Tocqueville teve aguda compreensão da inconciliabilidade em última instância do ideal liberal – para o qual o que conta é a independência da pessoa na sua esfera moral e sentimental – com o ideal igualitário, que deseja uma sociedade composta tanto quanto possível por indivíduos semelhantes nas aspirações, nos gostos, nas necessidades e nas condições. Jamais teve muitas ilusões a respeito da sobrevivência da liberdade na sociedade democrática, embora nunca se tenha resignado a aceitar para os seus contemporâneos e para as gerações futuras o destino dos servos satisfeitos. São memoráveis as últimas páginas do segundo livro da sua "grande obra" (publicado em 1840) nas quais sente que se aproxima o momento em que a democracia irá se traduzir em seu contrário, por portar em si os germes do novo despotismo, sob a forma de um governo centralizado e onipresente. A sugestão da democracia dos antigos desaprovada por Constant, e, portanto, da onipotente vontade geral de Rousseau, faz com que ele afirme:

Nossos contemporâneos imaginam um poder único, tutelar, onipotente, mas eleito pelos cidadãos; combinam centralização e soberania popular. Isso lhes dá um pouco de alívio. Consolam-se do fato de estarem sob tutela pensando que eles mesmos escolheram os tutores... Num sistema desse gênero, os cidadãos saem por um momen-

(39) Trad. cit., II, p. 299.

# 60 NORBERTO BOBBIO

to da dependência, para designar o seu patrão, e depois nela reingressam.[40]

Não, a democracia, entendida como participação direta ou indireta de todos no poder político, não é por si só remédio suficiente contra a tendência a se constituírem sociedades cada vez menos livres: "Ninguém jamais fará acreditar – exclama no final – que um governo liberal enérgico e sábio possa sair dos sufrágios de um povo de servos"[41]. Os remédios, que Tocqueville acredita existirem e não se cansará de propor, são os clássicos remédios da tradição liberal, acima de tudo a defesa de algumas liberdades individuais, como a liberdade de imprensa, a liberdade de associação, e em geral a defesa dos direitos do indivíduo que os Estados democráticos tendem a desconsiderar em nome do interesse coletivo, e, portanto, o respeito às formas que garantam ao menos a igualdade perante o direito e, por fim, a descentralização.

Pela mesma razão porque foi antes liberal que democrata, Tocqueville jamais chegou a ser tentado pelo socialismo, pelo qual manifestou em várias ocasiões a mais profunda aversão. Pode-se ser democrata e liberal, democrata e socialista, mas é muito difícil ser ao mesmo tempo liberal e socialista. Radicalmente não-democrático quando deve confrontar a democracia com o sublime ideal da liberdade, Tocqueville torna-se um defensor da democracia quando o adversário a ser refutado é o socialismo, no qual vê a confirmação do Estado coletivista que daria vida a uma sociedade de castores e não de homens livres. Num discurso sobre o direito ao trabalho proferido na Assembleia Constituinte, em 12 de setembro de 1848, evoca e

---

(40) Trad. cit., II, p. 813.

(41) Trad. cit., II, p. 815.

exalta a democracia americana, observando, entre outras coisas, ser ela completamente imune ao perigo socialista e afirmando que democracia e socialismo não são de fato solidários: "São coisas não apenas diferentes mas contrárias". Têm em comum uma única palavra, a igualdade. "Mas estejam atentos à diferença, conclui: a democracia deseja a igualdade na liberdade e o socialismo deseja a igualdade na moléstia e na servidão."[42]

(42) Alexis de Tocqueville, *Discours sur la révolution sociale* (1848) (trad. cit., I, p. 289).

# 12. Liberalismo e utilitarismo

Ao contrário de Tocqueville, Mill foi liberal e democrata: considerou a democracia, e em particular o governo representativo (que ele também chamava de "governo popular"), o desenvolvimento natural e consequente dos princípios liberais. Não que ele não percebesse os males de que sofria o governo democrático. Mas buscou-lhes os remédios com maior confiança num futuro de progresso gradual e necessário. Em seus últimos escritos considera até mesmo não incompatíveis o liberalismo e o socialismo. Suas duas principais obras de teor político (ele foi, sobretudo, um filósofo e um economista) são intituladas, respectivamente, *Sobre a liberdade* (1859) e *Considerações sobre o governo representativo* (1863). Tocqueville foi um historiador e um escritor político; Mill foi também um teórico da política e, bem mais do que seu admirado amigo francês, teve a vocação e o talento do reformador.

Como teórico, remetendo-se à filosofia utilitarista de seu mestre maior, Jeremy Bentham (1748-1832), pôs a doutrina liberal sobre um fundamento diverso ao dos escritores precedentes, dando vida (ou, para dizer melhor, uma notável sus-

LIBERALISMO E DEMOCRACIA 63

tentação) à corrente do liberalismo que será depois largamente prevalecente. A doutrina precedente havia fundado o dever dos governantes de restringir o exercício do poder público sobre a existência de direitos naturais, por isso invioláveis, dos indivíduos. Num escrito de 1795, *Anarchical Fallacies,* Bentham havia desfechado um violento ataque contra as declarações dos direitos franceses, pondo em relevo com corrosiva ironia, sua debilidade filosófica, sua inconsistência lógica e seus equívocos verbais, além de sua total ineficácia prática. A propósito da declaração de que todos os homens nascem livres, exclama: "Absurda e miserável bobagem!". E explica: "Não existe nada de semelhante a direitos naturais, nada de semelhante a direitos anteriores às instituições de governo, nada de semelhante a direitos naturais opostos ou em contradição com os legais".[43] Em contraposição à secular tradição do jusnaturalismo, Bentham formula o "princípio de utilidade", segundo o qual o único critério que deve inspirar o bom legislador é o de emanar leis que tenham por efeito a maior felicidade do maior número. O que quer dizer que, se devem existir limites ao poder dos governantes, eles não derivam da pressuposição extravagante de inexistentes e de modo algum demonstráveis direitos naturais do homem, mas da consideração objetiva de que os homens desejam o prazer e rejeitam a dor, e em consequência a melhor sociedade é a que consegue obter o máximo de felicidade para o maior número de seus componentes. Na tradição do pensamento anglo-saxão, que certamente é a que forneceu a mais duradoura e coerente contribuição ao desenvolvimento do liberalismo, a partir de Bentham utilitarismo e liberalismo passam a caminhar no mesmo passo, e a filosofia utilitarista torna-se a maior aliada teórica do Estado liberal. A passagem do jusnaturalismo ao utilitaris-

(43)   Jeremy Bentham, *Anarchical Fallacies, in The Works,* J. Bowring (org.), Edimburgo, William Tait, vol. 2, p. 500.

64 NORBERTO BOBBIO

mo assinala para o pensamento liberal uma verdadeira crise dos fundamentos, que alcançará o renovado debate a respeito dos direitos do homem desses últimos anos. Mill é um utilitarista declarado e convicto:

> A doutrina que admite como fundamento da moralidade a utilidade ou o princípio da máxima felicidade sustenta que as ações humanas são justas na medida em que tendem a promover a felicidade, e injustas na medida em que tendem a promover o contrário da felicidade.[44]

E entende a felicidade benthamianamente, como o prazer ou a ausência da dor, a infelicidade como dor ou a privação do prazer. Por outro lado, enquanto doutrina moral que critica e refuta toda outra forma de fundamento da obrigação moral que não seja a que faz referência ao prazer e à dor, o utilitarismo se preocupa não com a utilidade do indivíduo isolado com respeito à dos outros indivíduos, mas com a utilidade social, não com "a felicidade singular de quem age, mas com a felicidade de todos os interessados", tal como pode ser avaliada por um "espectador benévolo e desinteressado".[45] Consequentemente, e em coerência com a crítica benthamiana dos direitos naturais, Mill rejeita a tentação de recorrer à doutrina jusnaturalista para fundar e justificar a limitação do poder do Estado. Afirma expressamente na introdução a *Sobre a liberdade,* onde apresenta e propõe os princípios inspiradores da sua doutrina: "É oportuno declarar que renuncio a qualquer vantagem que para minha argumentação poderia derivar da concepção do direito abstrato como independente da utilida-

---

(44)  J. S. Mill. *Utilitarianism* (1863) (trad. it., E. Musacchio (org.), Bolonha, Cappelli, 1981, p. 58).

(45)  Trad. cit., p. 68.

# LIBERALISMO E DEMOCRACIA

de", pois "considero a utilidade o critério último em todas as questões éticas", desde que se trate "da utilidade em seu sentido mais amplo, fundado sobre os interesses permanentes do homem enquanto progressivo".[46]

Seguindo a trilha da tradição do pensamento liberal, a liberdade pela qual se interessa Mill é a liberdade negativa, ou seja, a liberdade entendida como situação na qual se encontra um sujeito (que tanto pode ser um indivíduo quanto um grupo que age como um todo único) que não está impedido por qualquer força externa de fazer aquilo que deseja e não está constrangido a fazer aquilo que não deseja. Trata-se para Mill, então, de formular um princípio à base do qual sejam estabelecidos, por um lado, os limites nos quais é lícito ao poder público restringir a liberdade dos indivíduos; por outro lado, e correspondentemente, o âmbito no qual os indivíduos ou os grupos possam agir sem encontrar obstáculos no poder do Estado;. trata-se, então, em outras palavras, de delimitar a esfera privada com respeito à pública de modo que o indivíduo possa gozar de uma liberdade protegida contra a invasão por parte do poder do Estado, liberdade essa que deverá ser a mais ampla possível no necessário ajustamento do interesse individual ao interesse coletivo. O princípio proposto por Mill é o seguinte: "A humanidade está justificada, individual ou coletivamente, a interferir sobre a liberdade de ação de quem quer que seja apenas com o objetivo de se proteger", razão pela qual "o único objetivo pelo qual se pode exercer legitimamente um poder sobre qualquer membro de uma comunidade civil, contra a sua vontade, é o de evitar danos aos outros".[47] Segue-se daí que "se alguém comete um ato que prejudica outros, tem-se

---

(46)   J. S. Mill, *On Liberty* (1858), *in Collected Papers of John Stuart Mill,* cit., vol. 18, p. 224 (trad. it., G. Giorello e M. Mondadori (orgs.), Milão II Saggialore, 1981, p. 34).

(47)   Trad. cit., p. 32.

66 NORBERTO BOBBIO

então um motivo evidente para puni-lo com sanções legais ou, no caso em que seja de incerta aplicação, com a desaprovação geral".[48]

O objetivo a que se propõe Mill ao enunciar esse princípio é o de limitar o direito do Estado de restringir a esfera da liberdade individual – na qual o indivíduo pode escolher entre várias alternativas, e de induzir os cidadãos a fazer ou não algo contra a vontade deles – apenas à esfera das ações externas (no sentido kantiano da palavra), isto é, às ações com as quais um indivíduo, para satisfazer um interesse próprio, pode interferir no interesse de um outro; e, correspondentemente, de salvaguardar o singular da ingerência do poder público em todas as ações que dizem respeito apenas a ele, como a esfera da consciência interior e da liberdade de pensamento e de opinião, da liberdade de agir segundo os próprios gostos e os próprios projetas, da liberdade de se associar com outros indivíduos. No caso de se ter convencionado chamar de paternalismo toda doutrina política que atribui ao Estado o direito de interferir na esfera interior do indivíduo com base na consideração de que todo indivíduo, inclusive o adulto, precisa ser protegido das próprias inclinações e dos próprios impulsos, então o liberalismo se revela ainda uma vez em Mill, como em Locke e em Kant, a doutrina antipaternalista por excelência na medida em que parte do pressuposto ético segundo o qual, para lembrar uma forte expressão milliana, "cada um é o único guardião autêntico da própria saúde, tanto física quanto mental e espiritual".[49] Não estou afirmando que não existam elementos paternalistas também em Mill (como de resto em Locke e em Kant). Tenha-se em mente o fato de que, na definição acima referida, Mill limita o próprio assunto aos mem-

(48) Trad. cit., p. 34.

(49) Trad. cit., p. 36.

# LIBERALISMO E DEMOCRACIA

bros "de uma comunidade civil", civilizada: o princípio da liberdade vale, portanto, apenas para indivíduos na plenitude de suas faculdades. Não vale para os menores de idade, ainda sujeitos à proteção paterna, e não vale para as sociedades atrasadas, que podem ser em bloco consideradas formadas por menores de idade. Sobre esse último ponto a opinião de Mill é muito clara: "O despotismo é uma forma legítima de governo quando se está na presença de bárbaros, desde que o fim seja o progresso deles e os meios sejam adequados para sua efetiva obtenção".[50] À parte a subordinada concessiva (mas quem julga o fim e quem julga a adequação dos meios ao fim?), tal opinião de Mill em nada difere da tradicional justificação dos regimes despóticos, que já conforme Aristóteles eram vistos como adequados aos povos naturalmente servos.

(50) Trad. cit., p. 33.

# 13. A democracia representativa

Tanto quanto Tocqueville, Mill também teme a tirania da maioria e a considera um dos males dos quais a sociedade deve se proteger. Isso, porém, não o leva a renunciar ao governo democrático. No livro sobre a democracia representativa, publicado poucos anos após o ensaio sobre a liberdade, põe-se o clássico problema da melhor forma de governo e responde que ela é, precisamente, a democracia representativa que constitui, ao menos nos países com um certo grau de civilização, o prosseguimento natural de um Estado desejoso de assegurar aos seus cidadãos o máximo de liberdade: "A participação de todos nos benefícios da liberdade é o conceito idealmente perfeito do governo livre". Tal máxima é confortada pelo seguinte comentário:

Na medida em que alguns, não importa quem, são excluídos desses benefícios, seus interesses são deixados sem as garantias concedidas aos demais, ficando-lhes

LIBERALISMO E DEMOCRACIA 69

diminuídas as possibilidades e os estímulos que de outra maneira teriam para a aplicação das energias em prol do próprio bem e do bem da comunidade.[51]

Trata-se de um comentário que mostra com grande clareza o nexo entre liberalismo e democracia ou, mais precisamente, entre determinada concepção de Estado e os modos e as formas de exercício do poder capazes de melhor assegurar a sua atuação.

A afirmação segundo a qual o perfeito governo livre é aquele em que todos participam dos benefícios da liberdade leva Mill a se fazer promotor da extensão do sufrágio, sobre a trilha do radicalismo de origem benthamiana de que nascera a reforma inglesa eleitoral de 1832. Um dos remédios contra a tirania da maioria está exatamente no fato de que, para a formação da maioria, participem das eleições tanto as classes abastadas (que sempre constituem uma minoria da população que tende naturalmente a prover aos próprios interesses exclusivos) quanto as classes populares, desde que paguem um imposto por menor que seja. A participação no voto tem um grande valor educativo: é através da discussão política que o operário *(the manual labourer)*, cujo trabalho é repetitivo e cujo ambiente de fábrica é angustiante, consegue compreender a relação entre eventos distantes e o seu interesse pessoal e estabelecer relações com cidadãos diversas das suas cotidianas relações de trabalho, tornando-se, assim, membro consciente de uma grande comunidade: "Numa nação civilizada e adulta não deveriam existir nem párias nem homens incapacitados, exceto por culpa própria".[52]

(51) J. S. Mill, *Considerations on representative government*, in *Collected Papers*, cit., vol. 19, p. 406.

(52) Op. cit., p. 470.

O sufrágio universal, porém, é um ideal limite, do qual as propostas millianas ainda estão muito distantes: além dos falidos e dos devedores fraudulentos, Mill exclui do direito de voto os analfabetos (pregando o ensino estendido a todos : "o ensino universal deve preceder o sufrágio universal") e os que vivem de esmolas das paróquias, com base na consideração de que quem não paga um pequeno imposto não tem o direito de decidir o modo pelo qual cada um deve contribuir para as despesas públicas. Por outro lado, Mill é favorável ao voto feminino (contrariamente à tendência prevalecente nos Estados europeus, que em geral chegaram à extensão do voto aos analfabetos antes que às mulheres), com base no argumento de que todos os seres humanos têm interesse em ser bem governados e, portanto, todos têm igual necessidade de voto para assegurar a parte dos benefícios que cabe a cada membro da comunidade. Invertendo o argumento habitual dos antifeministas, Mill sustenta que "se houver alguma diferença, as mulheres têm maior necessidade do voto do que os homens, já que, sendo fisicamente mais frágeis, dependem para sua proteção muito mais da sociedade e das leis.[53]

O segundo remédio contra a tirania da maioria consiste, para Mill, numa mudança do sistema eleitoral, isto é, na passagem do sistema majoritário – pelo qual todo colégio tem o direito de conduzir apenas um candidato e dos candidatos em disputa aquele que recebe a maioria dos votos (não importa se em um ou dois turnos) vence e os demais perdem – para o sistema proporcional (que Mill acolhe seguindo a formulação de Thomas Hare, 1806-1891), que assegura uma adequada representação também às minorias, em proporção aos votos recebidos ou num único colégio nacional ou num colégio amplo o suficiente para permitir a eleição de vários representantes. Ao apresentar as vantagens e as qualidades positivas do novo

---

(53) Op. cit., p. 479.

LIBERALISMO E DEMOCRACIA

sistema, Mill sublinha o freio que a maioria encontraria na presença de uma minoria aguerrida capaz de impedir a maioria de abusar do próprio poder e, portanto, a democracia de degenerar. Mill encontra, assim, ocasião para fazer um dos mais altos elogios ao antagonismo que o pensamento liberal jamais registrou, numa passagem em que se pode condensar a essência da ética liberal:

> Nenhuma comunidade jamais conseguiu progredir senão aquelas em que se desenvolveu um conflito entre o poder mais forte e alguns poderes rivais; entre as autoridades espirituais e as temporais; entre as classes militares ou territoriais e as trabalhadoras; entre o rei e o povo; entre os ortodoxos e os reformadores religiosos.[54]

Não obstante a plena aceitação do princípio democrático e o elogio da democracia representativa como a melhor forma de governo, o ideal da democracia perfeita está ainda bem longe de ser alcançado. Quase para atenuar o efeito inovador do sufrágio ampliado, Mill propõe o instituto – que acabou por não ter sucesso – do voto plural, segundo o qual, se é justo que todos votem, não está afirmado que todos devam ter direito a um único voto: segundo Mill, o voto plural caberia não aos mais ricos, mas aos mais instruídos, com a reserva de poder ser atribuído aos que o solicitem e passem por um exame. Não por acaso nas constituições modernas afirma que o direito de voto deve ser "igual" (como no artigo 48 da constituição italiana vigente).

(54) Op. cit., p. 459.

# 14. Liberalismo e democracia na Itália

Com todos os limites inerentes a um liberalismo ainda fortemente impregnado de paternalismo e de uma democracia incompleta e não igualitária, a obra de Mill representou um fecundo encontro entre pensamento liberal e pensamento democrático. Não obstante isso, liberais e democratas continuaram, como de resto continuam até hoje, a dar vida a movimentos e alinhamentos políticos diferenciados, contrapostos conforme o alvo principal seja a crescente invasão do Estado, interpretada pelos liberais – não sem razão – como uma consequência do processo de democratização, ou a persistência de oligarquias políticas e de fortes desigualdades econômicas, interpretadas pelos democratas – não sem razão – como uma consequência da lentidão com que aquele processo de democratização ocorreu e dos obstáculos que a ele foram interpostos pelos *beati possidentes*. Nesse sentido, a contraposição entre liberalismo e democracia também pode ser considerada de um outro ponto de vista: o desenvolvimento da doutrina liberal está estreitamente ligado à crítica econômica das sociedades autocráticas; o desenvolvimento da doutrina democrática está mais estreitamente ligado a uma crítica de caráter político ou institucional. O certo é que, por todo o século XIX liberalismo e democracia designam doutrinas e movimentos antagônicos entre si: os liberais, que defendem a conquista ou a exigência dos direitos de liberdade, de que é portadora a idade da restauração, desconfiam das nostalgias revolucionárias dos democratas; os democratas, que entendem não ter se completado o processo de emancipação popular iniciado com a Revolução Francesa e interrompido com a restauração, rejeitam os liberais como o partido dos moderados. Antes da formação dos partidos socialistas, os parlamentares se dividiam em dois alinhamentos contrapostos, o partido da conservação e o partido do progresso, correspondentes, *grosso modo,* à contraposição entre liberais e democratas, sendo considerada a dialética política mais correta aquela que se desenrola alternadamente entre esses dois alinhamentos, embora na pátria do parlamento e do bipartidarismo, a Inglaterra, os dois partidos contrapostos fossem chamados respectivamente de conservador e liberal (mas o conteúdo dos programas dos partidos muda com o passar do tempo, mesmo que não mude o nome deles). Para uma gradual convergência entre a tradição liberal e a democrática contribuem precisamente, primeiro, a formação dos partidos socialistas e, ainda mais, o aparecimento, no século seguinte, de regimes nem liberais nem democráticos, como os regimes fascistas, e do regime instaurado pela revolução de outubro na Rússia: diante da novidade representada pelos Estados totalitários do século vinte, as diferenças originárias entre liberalismo e democracia tornar-se-ão histórica e politicamente irrelevantes.

No pensamento político italiano da segunda metade do século passado, que de resto reflete as linhas gerais do pensamento político europeu, especialmente o francês, a contraposição entre escola liberal e escola democrática é bastante clara, especialmente em decorrência da presença de um es-

## 74 NORBERTO BOBBIO

critor e agitador político como Mazzini (1805-1872); sempre incluído, mesmo fora de nosso país, entre os expoentes mais representativos das correntes democráticas que agitam as nações européias em luta contra as velhas autocracias.

Expondo sua interpretação da obra literária de Mazzini, Francesco De Sanctis (1817-1883) traçou as linhas mestras da distinção entre a escola liberal e a escola democrática, consideradas as duas correntes vivas do espírito público italiano no século XIX. Embora pondo em destaque sobretudo o aspecto literário, De Sanctis observou que a semelhança entre ambas estava no fato de que nelas se tinham misturado fins políticos, morais, religiosos, donde, ao contrário das escolas meramente literárias, elas terem agido sobre toda a sociedade italiana e não só sobre o restrito círculo dos literatos. De resto, o próprio De Sanctis, dedicando uma parte de seu curso a Mazzini, julgava estar fazendo obra útil ao dever de educação nacional, na qual incluía a formação de uma jovem esquerda capaz de assegurar uma nova direção ao país, "uma nova postura diante das classes populares, um novo conceito do que é nacional, diverso do da direita histórica, mais amplo, menos exclusivista, menos policialesco".[55] Interpretava a escola liberal como aquela que havia rejeitado a liberdade como fim último, da qual se tinham feito divulgadores os filósofos do século XVIII, mestres da revolução, e se contentara com a liberdade como meio ou como método ou "procedimento", com a liberdade apenas formal, da qual cada um podia servir-se para os próprios fins.

Nesta escola liberal – comentava – entram homens com fins os mais diversos, como se estivessem sobre terreno

---

(55)   Francesco De Sanctis, *Letteratura e vita nazionale*, Turim, Einaudi, 1950, p. 7.

# LIBERALISMO E DEMOCRACIA

comum: os clericais que querem livre a Igreja, os conservadores que desejam a liberdade das classes superiores, os democratas que querem a liberdade das classes inferiores, os progressistas que buscam seguir em frente sem forçar a natureza.[56]

Ao contrário, entendia a escola democrática como a que era inspirada pelo ideal de uma nova sociedade "fundada na justiça distributiva, na igualdade de direito, a qual, nos países mais avançados, também é igualdade de fato", e para a qual a liberdade não era apenas procedimento ou método mas "substância".[57] E precisava:

> Onde existe desigualdade, a liberdade pode estar escrita nas leis, no estatuto, mas não é coisa real: não é livre o camponês que depende do proprietário, não é livre o empregado que permanece submetido ao patrão, não é livre o homem da gleba sujeito ao trabalho incessante dos campos.[58]

Concluía afirmando que essas ideias conduzem à *res publica*, que "não é o governo deste ou daquele, não é o poder arbitrário ou domínio de classes: é o governo de todos".[59]

Um Estado que considera meio a liberdade pode ser neutro, indiferente ou ateu. Não pode ser assim o Estado de

---

(56) Francesco De Sanclis, *Muzzini e la scuola democratica,* Turim, Einaudi, 1951, p. 6.

(57) Op. cit., p. 13.

(58) Op. cit., p. 14.

(59) Op. cit., p. 13-14.

todos, a *res publica* precisamente, que deve se propor o objetivo da educação nacional, e isso especialmente após uma unificação rápida e forçada.

Para permanecer na Itália, esse persistente contraste pode ser eficazmente representado pela contraposição entre os dois maiores protagonistas do nosso *risorgimento**, Cavour (1810-1868) e Mazzini. Um dos primeiros autores de que o jovem Cavour absorve certos princípios desde então jamais abandonados foi além de Constant, Bentham. Dele Cavour extraiu a ideia da insustentabilidade das teorias jusnaturalistas e uma forte convicção a respeito da bondade do utilitarismo, ao ponto mesmo de se considerar com visível prazer um "benthamiano endurci"[60].** Num de seus escritos doutrinários mais completos, *Os sistemas e a democracia. Pensamentos* (1850), Mazzini faz de Bentham, com sua doutrina utilitarista, o maior responsável pelo materialismo imperante nas doutrinas democráticas e socialistas, de Saint-Simon (1760-1825) aos comunistas, mas não cita expressamente nem Marx (1818-1883) nem Engels (1820-1895); além do mais, chama Bentham de "chefe e legislador da escola" que compreende todos os "adoradores do útil".[61] À doutrina do útil Mazzini contrapõe a ideia do dever e do sacrifício pela santa causa da humanidade:

(*) *Risorgimento*: período histórico compreendido, *grosso modo*, entre o final do século XVIII e 1870, no qual se completou o processo de formação do Estado unitário italiano. (N.T.)

(60) Extraio essa citação de R. Romeo, *Cavour e il suo tempo. I*, 1810-1842, Bari, Laterza, 1969, p. 288.

(**) *Endurci*: em francês no original – endurecido, empedernido, intransigente. (N.T.)

(61) G. Mazzini, *I sistemi e la democrazia. Pensieri*, in Mazzini, G. Galasso (org.), Bolonha, Il Mulino, 1961, pp. 101-102.

LIBERALISMO E DEMOCRACIA 77

Não – exclama –, o interesse e o prazer não são os meios com que a democracia poderá transformar o elemento social; uma teórica do útil não fará com que os confortos da riqueza sintam os sofrimentos das classes pobres e a urgente necessidade de um remédio.[62]

Cavour é um admirador de Tocqueville, com quem divide a apreensão pela marcha inexorável da humanidade para a democracia. Tocqueville, ministro do Exterior da república francesa de junho de 1849, dá a palavra definitiva sobre a queda da república romana, e Mazzini endereça a ele e ao ministro Falloux (1811-1886) uma veemente carta na qual os apostrofa como "últimos alunos de uma escola que, começando por predizer a doutrina ateia da arte, terminou na fórmula do poder pelo poder".[63] Cavour, defensor do *juste milieu,* ou seja, de uma solução intermediária, a única conforme à razão, entre reação e revolução. Mazzini, intransigente propagador da revolução nacional, que se coloca claramente num dos dois extremos rejeitados pela flexível solução dos doutrinadores liberais. Cultor da ciência econômica, admirador dos grandes economistas, de Smith a Ricardo (1772-1823), Cavour, liberista convicto e irredutível, foi seguidor das teorias do livre-cambismo, que Mazzini sempre combateu com força propugnando um Estado investido de função educativa, e oposto à concepção liberal do Estado como mal inevitável e, portanto, limitado tão-somente ao ofício de agente de polícia. Nada de mais distante do pensamento de um liberal inteiro como Cavour do que a crítica mazziniana do Estado "despido

(62) Op. cit., p.110.

(63) G. Mazzini, *Lettera ai signori Tocqueville e Falloux ministri di Francia,* in G. Mazzini, *Scritti politici,* T. Grandi e A. Comba (orgs.), Turim, Utet, 1972, p. 647.

78 NORBERTO BOBBIO

de toda virtude iniciadora, sem outra missão senão a de impedir", tanto que

> substituiu a sociedade por um agregado de indivíduos, obrigados a se manter pacíficos, mas dedicados a fins particulares, e livres para escolher cada um o próprio caminho, ajude ou não ajude ao cumprimento da missão comum. Em política como em economia o *laissez-faire, laissez-passer* é a suprema fórmula da escola.[64]

Nada de mais hostil à mentalidade cavouriana favorável ao progresso através da gradual adaptação das instituições à evolução da sociedade que o abstrato revolucionarismo mazziniano, que contrapõe ao simples e saudável critério do útil o imperativo do sacrifício, transformando a iluminista exaltação dos direitos individuais numa severa prédica dos deveres. "Fiel ao seu benthamianismo originário – escreve Romeo – Cavour fica persuadido de que o progresso econômico realmente não contrasta, ao contrário coincide, com o espiritual e moral".[65] Por antítese, fiel ao seu originário antibenthamianismo, Mazzini afirma que o progresso espiritual é condição do progresso material: com a doutrina da felicidade e do bem-estar inspirada no utilitarismo, formam-se homens egoístas, adoradores da matéria. "Trata-se, pois, de encontrar um princípio educativo superior... E esse princípio é o dever".[66]

(64) G. Mazzini, *I sistemi e la democrazia,* cit., p. 96.

(65) R. Romeo, *Cavour e il suo tempo,* cit., p. 288.

(66) G. Mazzini, *Dei doveri dell'uomo, in Scritti politici,* cit., p. 847.

# 15. A democracia diante do socialismo

Não obstante o conúbio histórico, lenta e arduamente realizado, entre ideais liberais e ideais democráticos, o contraste entre liberalismo e democracia jamais chegou a diminuir. Ao contrário, sob certos aspectos veio se acentuando nos últimos anos.

Para manter vivo o contraste e acentuá-lo, sobreveio, a partir da segunda metade do século passado, a entrada na cena política do movimento operário, que se vai inspirando cada vez mais nas doutrinas socialistas, antitéticas às liberais, embora sem repudiar o método democrático, que sobrevive numa expressiva parte do movimento, regra geral em sua ala reformista, como, por exemplo no partido trabalhista inglês ou no partido socialdemocrático alemão. A relação entre liberalismo e democracia, como vimos, nunca foi de antítese radical, apesar de ter sido difícil e frequentemente contestado o enxerto dos ideais democráticos no tronco originário dos ideais liberais, e apesar da integração entre liberalismo e democracia, onde ocorreu, ter se dado lentamente, não sem contrastes e rupturas. A relação entre liberalismo e socialismo, ao contrário, foi desde o início uma relação de antítese clara, e isso não apenas, como seria possível acreditar, na doutrina marxiana e marxista. O pomo da discórdia foi a liberdade econômica, que pressupõe a defesa ilimitada da propriedade privada. Por mais definições que se possam dar do socialismo do século passado (e foram dadas centenas), há ao menos um critério distintivo constante e determinante para distinguir uma doutrina socialista de todas as outras: a crítica da propriedade privada como fonte principal da "desigualdade entre os homens" (para retomar o conhecido discurso de Rousseau) e a sua eliminação total ou parcial como projeto da sociedade futura. A maior parte dos escritores socialistas e dos movimentos que neles se inspiraram identificaram o liberalismo – com ou sem razão, mas no plano histórico certamente com razão – com a defesa da liberdade econômica e, portanto, com a defesa da propriedade individual como única garantia da liberdade econômica, entendida por sua vez como pressuposto necessário da real explicação de todas as outras liberdades. Numa concepção classista da história, que o movimento socialista havia herdado da historiografia burguesa, segundo a qual o principal sujeito histórico são as classes e o desenvolvimento histórico se faz com a passagem do domínio de uma classe para o domínio de uma outra classe, o liberalismo, interpretado como a concepção segundo a qual a liberdade econômica é o fundamento de todas as demais liberdades e sem ela nenhum homem pode ser verdadeiramente livre, terminava por ser degradado, pelos escritores socialistas e não só por Marx (que apesar disso exerceu uma prevalente influência na formação dos partidos socialistas continentais, especialmente na Alemanha e na Itália), a pura e simples ideologia da classe burguesa, isto é, a ideologia da parte adversa que os socialistas deveriam combater até a completa extinção.

Enquanto a relação entre liberalismo e socialismo foi de clara antítese, tanto se o socialismo fosse julgado à base de seu projeto de sociedade futura como se fosse considerado a ideologia de uma classe destinada a suceder a classe burguesa no desenvolvimento progressivo da história, a relação entre socialismo e democracia foi bem mais, desde a origem, uma relação de complementaridade, assim como houvera sido até então a relação entre democracia e liberalismo. Tornou-se opinião corrente que o socialismo, julgado até então como incompatível com o liberalismo, não era de fato incompatível com a democracia. Para reforçar o nexo de compatibilidade (melhor: de complementaridade) entre socialismo e democracia, foram sustentadas duas teses: antes de tudo, o processo de democratização produziria inevitavelmente, ou pelo menos favoreceria, o advento de uma sociedade socialista, fundada na transformação do instituto da propriedade e na coletivização pelo menos dos principais meios de produção; em segundo lugar, apenas o advento da sociedade socialista reforçaria e alargaria a participação política e, portanto, tornaria possível a plena realização da democracia entre cujas promessas – que a democracia liberal jamais seria capaz de cumprir – estava também a de uma distribuição igualitária (ou ao menos mais igualitária) do poder econômico e do poder político. Com base nessas duas teses, a indissolubilidade de democracia e socialismo passou a ser demonstrada, por parte das correntes principais do socialismo, como uma condição necessária do advento da sociedade socialista e, por parte das correntes democráticas, como uma condição do desenvolvimento da própria democracia.

Com isso não se quer dizer que a relação entre democracia e socialismo tenha sido sempre pacífica. Sob certos aspectos, aliás, foi com frequência uma relação polêmica, não diversamente da relação entre liberalismo e democracia. Era evidente que o recíproco reforço da democracia pelo socialismo e do socialismo pela democracia era uma relação circular. De que ponto do círculo dever-se-ia começar? Começar pelo alargamento da democracia significava contentar-se com um desenvolvimento gradual e incerto. Era, ao contrário, possível, desejável e lícito começar de imediato a transformação socialista da sociedade com um salto qualitativo revolucionário, renunciando, portanto, ao menos provisoriamente, ao método democrático? Assim foi que a partir da segunda metade do século passado, ao contraste entre liberalismo e democracia, foi-se sobrepondo o contraste entre os defensores da liberal-democracia, de um lado, frequentemente aliados entre si contra o socialismo considerado negador tanto do liberalismo quanto da democracia, e os socialistas democráticos e não-democráticos, de outro, divididos não tanto pela oposição ao liberalismo (comum a ambos) quanto pelo diverso juízo dado a respeito da validade e da eficácia da democracia, ao menos no primeiro momento da conquista do poder. De qualquer modo, a dúvida sobre a validade do método democrático para a assim chamada fase de transição jamais cancelou por completo a inspiração democrática de fundo dos partidos socialistas, no que se refere ao avanço da democracia numa sociedade socialista, e a convicção de que uma sociedade socialista seria de longe mais democrática do que a liberal, nascida e crescida com o nascimento e o crescimento do capitalismo.

Em favor desse avanço da democracia socialista com respeito à democracia liberal, pode-se encontrar na imensa literatura do último século ao menos três argumentos: a) enquanto a democracia liberal – ou, polemicamente, capitalista e, do ponto de vista do sujeito histórico que a promoveu, burguesa – nasceu como democracia representativa na qual os representantes eleitos tomam suas decisões sem vínculo de mandato, a democracia socialista – ou, do ponto de vista classista, proletária – será uma democracia direta, no duplo sentido de democracia de todo o povo sem representantes e de democracia não de representantes mas de delegados cujos

# LIBERALISMO E DEMOCRACIA

mandatos vinculados estão sujeitos a revogação; b) enquanto a democracia burguesa permitiu, até o extremo limite do sufrágio universal masculino e feminino, a participação no poder político, central e local, apenas a democracia socialista permitirá a participação popular também na tomada de decisões econômicas que numa sociedade capitalista são tomadas autocraticamente, representando nesse sentido não só um reforço da participação em intensidade, mas também uma extensão quantitativa, como efeito da abertura de novos espaços para o exercício da soberania popular em que consiste a essência da democracia; c) enfim, aquilo que mais importa: enquanto na democracia liberal a atribuição ao povo do direito de participar direta ou indiretamente das decisões políticas não procede no mesmo passo de uma mais equânime distribuição do poder econômico e, portanto, faz do direito de voto uma mera aparência, na democracia socialista essa mais equânime distribuição, tornando-se um dos objetivos primários da mudança do regime econômico, transforma o poder formal de participação em poder substancial e, ao mesmo tempo, realiza a democracia inclusive no seu ideal último, que é o da maior igualdade entre os homens.

O fato de que movimentos antitéticos como o movimento liberal e o movimento socialista tenham ambos abraçado o ideal democrático ao ponto de darem origem a regimes de democracia liberal e a regimes de democracia social, embora não socialista (um regime que seja ao mesmo tempo democrático e socialista até agora não existiu), pode fazer pensar que desde dois séculos a democracia é uma espécie de denominador comum de todos os regimes que se desenvolveram nos países econômica e politicamente mais avançados. Mas não se deve acreditar que o conceito de democracia permaneceu o mesmo quando da passagem da democracia liberal à democracia social. No binômio liberalismo mais democracia, democracia significa principalmente sufrágio universal e, portanto, um meio de expressão da livre vontade dos indivíduos singulares; no binômio democracia mais socialismo, democracia significa ideal igualitário que apenas a reforma da propriedade proposta pelo socialismo poderá realizar. No primeiro binômio é consequência, no segundo um pressuposto. Como consequência, no primeiro completa a série das liberdades particulares com a liberdade política; como pressuposto, no segundo, será completada tão-somente pela futura e esperada transformação socialista da sociedade capitalista.

A ambiguidade do conceito de democracia surge em toda a sua evidência na assim chamada "democracia social" que deu origem ao Estado de serviços (expressão mais apropriada do que aquelas, respectivamente falsas por excesso e por defeito, de "Estado-bem-estar" e "Estado assistencial"). A democracia social pretende ser, com respeito à democracia liberal, uma fase ulterior, na medida em que inscreveu na própria declaração dos direitos os direitos sociais, além dos direitos de liberdade; pretende ser, ao contrário, com respeito à democracia socialista, apenas uma primeira fase. Tal ambiguidade se revela na dupla crítica que a democracia social recebe, ora da direita, por parte do liberalismo intransigente, que nela entrevê uma diminuição das liberdades individuais; ora da esquerda, por parte dos socialistas impacientes, que a condenam como solução de compromisso entre o velho e o novo que, mais do que favorecer a realização do socialismo, a obstaculiza e a torna até mesmo impossível.

# 16. O novo liberalismo

Voltando à relação entre liberalismo e democracia, não há dúvida de que a emergência e a difusão das doutrinas e dos movimentos socialistas, bem como a correspondente e explicitamente declarada aliança desses movimentos com os partidos democráticos, reabriram o contraste histórico entre liberalismo e democracia, exatamente no momento em que, caminhando os países mais avançados rumo ao sufrágio universal, parecia que entre liberalismo e democracia teria havido uma conciliação histórica definitiva. Se, efetivamente, como estava inscrito no programa dos partidos socialdemocráticos da Segunda Internacional, o processo de progressiva democratização levaria inevitavelmente ao socialismo, deveriam os liberais favorecer esse processo? Precisamente na reação contra o presumido avanço do socialismo, com seu programa geral de economia planificada e de coletivização dos meios de produção, a doutrina liberal foi cada vez mais se concentrando na defesa da economia de mercado e da liberdade de iniciativa econômica (bem como da correspondente tutela da propriedade privada), identificando-se com a doutrina econômica que na linguagem política italiana recebeu o nome de liberismo. Como sempre ocorre, mesmo diante do contraste entre duas ideologias nascidas em contraposição uma à outra e nas suas linhas programáticas antitéticas, como liberalismo e socialismo, existiram tentativas de mediação ou de síntese, que vão do conhecido livro de Hobhouse (1864-1929) de 1911, *Liberalismo*, ao *Socialismo liberal* de Cario Rosselli (1899-1937), de 1930 e, para ficar na Itália, ao liberal-socialismo, fórmula desconhecida em outros lugares, mas que, apesar disso, foi a ideia inspiradora de um pequeno partido antifascista, o Partido da Ação, que durou poucos anos (1942-1947). A antítese, porém, permaneceu e se foi reforçando e enrijecendo nos dois últimos decênios, em seguida a dois fenômenos historicamente muito relevantes: num primeiro tempo, o flagrante não-liberalismo dos regimes em que foi tentada pela primeira vez uma transformação socialista da sociedade; num segundo tempo, a emergência de aspectos não-liberais nos regimes em que mais avançou a realização do Estado-previdência. O socialismo liberal (ou liberal-socialismo) permaneceu até agora ou um ideal doutrinário abstrato – tão sedutor em teoria quanto dificilmente traduzível em instituições – ou uma das fórmulas que servem para definir aquele regime no qual a tutela do aparato estatal se estendeu dos direitos de liberdade aos direitos sociais.

Enquanto a conjugação de liberalismo e socialismo foi até agora tão nobre quanto veleitária, a progressiva identificação do liberalismo com o liberismo é um dado de fato indiscutível, cuja constatação serve para compreender um aspecto (e não dos mais irrelevantes) do atual litígio político que se estende dos Estados Unidos à Europa ocidental. Na Itália, um episódio extremamente significativo desse esclarecimento foi

LIBERALISMO E DEMOCRACIA 87

a disputa entre Croce e Einaudi (1874-1961), travada nos últimos anos do regime fascista, sobre a relação entre o liberalismo ético-político e o liberalismo econômico. Nessa disputa, Einaudi, como economista liberal que era, sustenta contra Croce a tese segundo a qual liberalismo ético-político e liberalismo econômico (ou liberismo) são indissolúveis, e onde não há o segundo não pode haver o primeiro. Por sua vez, Croce, que sob certos aspectos era mais conservador do que Einaudi, sustenta a tese oposta, segundo a qual a liberdade, sendo um ideal moral, pode se realizar através das mais diversas providências econômicas desde que voltadas à elevação moral do indivíduo, citando com aprovação a "bela eulogia e apologia" do socialismo liberal feita por Hobhouse.[67]

Ao se observar o significado prevalente de liberalismo, com referência particular às diversas correntes assim chamadas neoliberais, é preciso admitir que entre o filósofo e o economista teve razão o segundo. Por neoliberalismo se entende hoje, principalmente, uma doutrina econômica consequente, da qual o liberalismo político é apenas um modo de realização, nem sempre necessário; ou, em outros termos, uma defesa intransigente da liberdade econômica, da qual a liberdade política é apenas um corolário. Ninguém melhor do que um dos notáveis inspiradores do atual movimento em favor do desmantelamento do Estado de serviços, o economista austríaco Friedrich von Hayek, insistiu sobre a indissolubilidade de liberdade econômica e de liberdade sem quaisquer outros adjetivos, reafirmando assim a necessidade de distinguir claramente o liberalismo, que tem seu ponto de partida numa

(67) Os mencionados escritos de Croce e de Einaudi foram reunidos no volume *Liberismo e liberalismo*, P. Solari (org.), Nápoles, Ricciardi, 1957. O elogio a Hobhouse se encontra no primeiro desses escritos, *La concezione liberale come concezione della vitta* (1927), p. 14.

## 88      NORBERTO BOBBIO

teoria econômica, da democracia, que é uma teoria política, e atribuindo à liberdade individual (da qual a liberdade econômica seria a primeira condição) um valor intrínseco e à democracia unicamente um valor instrumental. Von Hayek admite que, nas lutas passadas contra o poder absoluto, liberalismo e democracia puderam proceder no mesmo passo e confundir-se um na outra. Mas agora tal confusão não deveria mais ser possível, pois acabamos por nos dar conta – sobretudo observando a que consequências não-liberais pode conduzir, e de fato conduziu, o processo de democratização – de que liberalismo e democracia respondem a problemas diversos: o liberalismo ao problemas das funções do governo e em particular à limitação de seus poderes; a democracia ao problema de quem deve governar e com quais procedimentos.

O liberalismo exige que todo poder – e, portanto, também o da maioria – seja submetido a limites. A democracia, ao contrário, chega a considerar a opinião da maioria como o único limite aos poderes governativos. A diversidade entre os dois princípios emerge do modo mais claro ao se atentar aos respectivos opostos: para a democracia, o governo autoritário; para o liberalismo, o totalitarismo.[68]

Naturalmente, também o termo "liberalismo", como todos os termos da linguagem política, conheceu diversos significados, mais ou menos amplos. Porém, o pensamento de Von Hayek, exposto em numerosas obras que podem muito bem

---

(68) Friedrich von Hayek, *Liberalismo*, in *Enciclopedia del novecento*, Roma, Istituto dell'Enciclopedia Italiana, vol. 3, p. 990.

ser consideradas a *summa* da doutrina liberal contemporânea, representa uma notável confirmação daquilo que foi o núcleo originário do liberalismo clássico: uma teoria dos limites do poder do Estado, derivados da pressuposição de direitos ou interesses do indivíduo, precedentes à formação do poder político, entre os quais não pode estar ausente o direito de propriedade individual. Tais limites valem para quem quer que detenha o poder político, inclusive para o governo popular, isto é, inclusive para um regime democrático em que todos os cidadãos têm o direito de participar mesmo que indiretamente da tomada das grandes decisões, e cuja regra é a regra da maioria. Até onde se estendem os poderes do Estado e até onde os direitos dos indivíduos, ou a esfera da assim chamada liberdade negativa, é algo que não pode ser estabelecido de uma vez para sempre: porém, é princípio constante e característico da doutrina liberal em toda a sua tradição, especialmente a anglo-saxã, que o Estado é tão mais liberal quanto mais reduzidos são esses poderes e, correlativamente, quanto mais ampla é a esfera da liberdade negativa. A diferença entre liberalismo e autoritarismo (melhor que totalitarismo) está na diversa conotação positiva ou negativa dos dois termos opostos, poder e liberdade, e das consequências que disso derivam. O liberalismo é a doutrina na qual a conotação positiva cabe ao termo "liberdade", com a consequência de que uma sociedade é tanto melhor quanto mais extensa é a esfera da liberdade e restrita a do poder.

Na formulação hoje mais corrente, o liberalismo é a doutrina do "Estado mínimo" (o *minimal state* dos anglo-saxões). Ao contrário dos anarquistas, para quem o Estado é um mal absoluto e deve, pois, ser eliminado, para o liberal o Estado é sempre um mal, mas é necessário, devendo, portanto, ser conservado embora dentro de limites os mais restritos possíveis. Precisamente com base no êxito da fórmula "Estado mínimo"

90 NORBERTO BOBBIO

explica-se a vastidão do debate travado em torno do livro de Robert Nozick, *Anarquia, estado e utopia,* surgido em 1974.[69] A obra de Nozick move-se contra duas frentes: contra o Estado máximo dos defensores do "Estado de justiça", ao qual são atribuídas funções de redistribuição da riqueza, mas também contra a total eliminação do Estado proposta pelos anarquistas. Embora com argumentos novos, Nozick retoma e defende a tese liberal clássica do Estado como organização monopolista da força cujo único e limitado objetivo é proteger os direitos individuais de todos os membros do grupo. Partindo da teoria lockiana do estado de natureza e dos direitos naturais, mas repudiando o contratualismo como teoria que vê o nascimento do Estado num acordo voluntário e se entrega à feliz (e talvez também falaz) ideia de uma criação da "mão invisível", Nozick constrói o Estado como uma livre associação de proteção entre indivíduos que estão num mesmo território, cuja função é a de defender os direitos de cada indivíduo contra a ingerência por parte de todos os demais e, portanto, a de impedir qualquer forma de proteção privada, ou, dito de outra forma, a de impedir que os indivíduos façam justiça por si mesmos. Além do mais, quanto à determinação dos direitos individuais que o Estado deve proteger, a teoria de Nozick está genericamente fundada sobre alguns princípios do direito privado, segundo os quais todo indivíduo tem direito de possuir tudo o que adquiriu justamente (ou princípio de justiça na aquisição) e tudo o que adquiriu justamente do proprietário precedente (princípio de justiça na transferência). Qualquer outra função que o Estado se atribua é injusta, pois interfere indevidamente

---

(69) Para um resumo do debate, com a correspondente bibliografia, ver F. Comanducci. "La meta-utopia di Nozick", *Materiali per storia della cultura giuridica*, XII, 1982, pp. 507-523. Também existe uma tradução italiana do livro de Nozick, Florença, Le Monnier, 1981.

na vida e na liberdade dos indivíduos. A conclusão é que o Estado mínimo, embora sendo mínimo, é o Estado mais extenso que se possa conceber: qualquer outro Estado é imoral.

A teoria de Nozick põe mais problemas do que é capaz de resolver: está toda fundada na aceitação da doutrina jurídica dos títulos de aquisição originária e derivada da propriedade, sobre a qual o autor não dá a mínima explicação. De qualquer modo, representa exemplarmente o ponto extremo a que chegou a reivindicação da tradição autêntica do liberalismo, como teoria do Estado mínimo, contra o Estado-bem-estar que se propõe, entre as suas funções, também a da justiça social. Como tal, não pode deixar de acertar as contas com a tradição do pensamento democrático, não tanto no que diz respeito à democracia igualitária (que, como se disse desde o início, mal se concilia com o espírito do liberalismo) quanto à própria democracia formal, cujo exercício levaria por toda parte – inclusive onde não se formaram partidos socialistas, como nos Estados Unidos – a um excesso de intervencionismo estatal incompatível com o ideal do Estado que governe o menos possível.

# 17. Democracia e ingovernabilidade

A relação entre liberalismo e democracia foi sempre uma relação difícil: *nec cum te nec sine te*. Hoje que o liberalismo parece mais uma vez ancorado, de resto coerentemente com a sua melhor tradição, na teoria do Estado mínimo, a relação tornou-se mais difícil do que nunca. Nesses últimos anos o tema principal da polêmica foi o da ingovernabilidade.[70] Enquanto no início do litígio o alvo principal foi, como se viu, a tirania da maioria, donde derivou a defesa intransigente da liberdade individual contra a invasão da esfera pública mesmo que regulada à base do princípio de maioria, hoje o alvo principal é a incapacidade dos governos democráticos de dominarem convenientemente os conflitos de uma sociedade complexa: um alvo de sinal oposto, não o excesso, mas o defeito do poder.

---

(70)   O debate sobre a ingovernabilidade das democracias nasceu com a obra coletiva de M. Crozier, S. P. Huntington e J. Watanuki, *La crisi della democrazia, rapporto sulla governabilità della democrazia alla commissione trilaterale (1975)* (trad. it. Milão, Franco Angeli, 1977).

LIBERALISMO E DEMOCRACIA

O tema da ingovernabilidade a que estariam predestinados os regimes democráticos pode ser articulado em três pontos:

a) Bem mais do que os regimes autocráticos, os regimes democráticos são caracterizados por uma desproporção crescente entre o número de demandas provenientes da sociedade civil e a capacidade de resposta do sistema político, fenômeno que na terminologia da teoria dos sistemas recebe o nome de sobrecarga. Tal fenômeno seria característico das democracias por duas razões opostas, mas convergentes para o mesmo resultado. De um lado, os institutos herdados pelo regime democrático do Estado liberal, que, como se disse, constituem o pressuposto do bom funcionamento do poder popular, da liberdade de reunião e de associação, da livre organização de grupos de interesse, de sindicatos, de partidos, à máxima extensão dos direitos políticos, fazem com que se torne mais fácil, por parte dos singulares e dos grupos, o encaminhamento de solicitações aos poderes públicos para serem atendidas no mais breve tempo possível, sob a ameaça de um enfraquecimento do consenso, numa proporção absolutamente desconhecida pelos governos autocráticos, onde os jornais são controlados pelo governo, onde os sindicatos não existem ou são dependentes do poder político, onde não existe outro partido a não ser o que apóia o governo ou é uma emanação direta dele. De outro lado, os procedimentos predispostos por um sistema democrático para tomar as decisões coletivas, ou que deveriam dar uma resposta às demandas propostas pela sociedade civil, são de ordem que desaceleram e às vezes através do jogo dos vetos cruzados, o próprio *iter* da decisão, à diferença do que ocorre num regime autocrático, onde a concentração do poder em poucas mãos (senão até mesmo um chefe carismático cuja vontade é lei) e a supressão das instâncias como o parlamento – no qual as diversas opiniões são confrontadas e as decisões tomadas apenas após longos debates, com as próprias decisões do parlamento podendo ser submetidas ao controle de um órgão jurisprudencial como a corte constitucional ou ao próprio povo através do recurso ao *referendum* – permitem decisões rápidas, peremptórias e definitivas. Com uma expressão sintética, pode-se exprimir esse contraste entre regimes democráticos e autocráticos com respeito à relação entre demandas e respostas dizendo que, enquanto a democracia tem a demanda fácil e a resposta difícil, a autocracia torna a demanda mais difícil e tem mais fácil a resposta.

b) Nos regimes democráticos a conflitualidade social é maior do que nos regimes autocráticos. Como uma das funções de quem governa é a de resolver os conflitos sociais de modo a tornar possível uma convivência entre indivíduos e grupos que representam interesses diversos, é evidente que, quanto mais aumentam os conflitos, mais aumenta a dificuldade de dominá-los. Numa sociedade pluralista, como é a que vive e floresce num sistema político democrático, onde o conflito de classe é multiplicado por uma miríade de conflitos menores corporativos, os interesses contrapostos são múltiplos, donde não é possível satisfazer um deles sem ofender um outro, numa cadeia sem fim. Que o interesse das partes singulares deva estar subordinado ao interesse coletivo é uma fórmula, com efeito, privada de um conteúdo preciso. Geralmente, o único interesse comum a que obedecem os vários componentes de um governo democrático, de um governo em que os partidos singulares devem prestar contas aos próprios eleitores das opções feitas, é o de satisfazer os interesses que produzem maiores consensos e são sempre interesses parciais.

c) Nos regimes democráticos o poder está mais amplamente distribuído do que nos regimes autocráticos; neles se encontra, em contraste com o que ocorre nos regimes opostos, o fenômeno que hoje se denomina de poder "difuso". Uma das características da sociedade democrática é a de ter mais

# LIBERALISMO E DEMOCRACIA

centros de poder (donde o nome que bem lhe cabe de "poliar-quia"): o poder é tanto mais difuso quanto mais o governo da sociedade é em todos os níveis regulado por procedimentos que admitem a participação, o dissenso e, portanto, a prolife-ração dos lugares em que se tomam decisões coletivas. Mais que difuso, o poder numa sociedade democrática também é fragmentado e de difícil recomposição. As consequências negativas dessa fragmentação do poder com respeito ao pro-blema da governabilidade são logo reveladas: a fragmentação cria concorrência entre poderes e termina por criar um confli-to entre os próprios sujeitos que deveriam resolver os confli-tos, uma espécie de conflito à segunda potência. Enquanto o conflito social é dentro de certos limites fisiológico, o conflito entre poderes é patológico e termina por tornar patológica, exasperando-a, também a normal conflitualidade social.

A denúncia da ingovernabilidade dos regimes democrá-ticos tende a sugerir soluções autoritárias, que se movem em duas direções: de um lado, em reforçar o Poder Executivo e assim dar preferência a sistemas de tipo presidencial ou semipresidencial em detrimento dos sistemas parlamentares clássicos; de outro lado, em antepor sempre novos limites à esfera das decisões que podem ser tomadas com base na regra típica da democracia, a regra da maioria. Se a dificuldade em que caem as democracias deriva da "sobrecarga", os remé-dios, de fato, podem ser essencialmente dois: ou um melhor funcionamento dos órgãos decisionais (nessa direção vai o acréscimo do poder do governo com respeito ao do parlamen-to) ou uma drástica limitação do seu poder (nessa direção vão as propostas de limitar o poder da maioria). Todas as demo-cracias reais, não a ideal de Rousseau, nasceram limitadas, no sentimento já esclarecido de que às decisões que cabem à maioria foram subtraídas desde o início todas as matérias re-ferentes aos direitos de liberdade, chamadas precisamente de "invioláveis". Uma das propostas avançadas por uma corrente

96  NORBERTO BOBBIO

de escritores neoliberais consiste em exigir que seja limitado constitucionalmente inclusive o poder econômico e fiscal do parlamento, de modo a impedir que a resposta política à demanda social acabe por produzir um excesso de despesa pública com respeito aos recursos do país. Ainda uma vez o contraste entre liberalismo e democracia se resolve na aceitação, por parte da doutrina liberal, da democracia como método ou como conjunto de regras do jogo, mas também, paralelamente, no estabelecimento permanente dos limites em que podem ser usadas aquelas regras.

Quando no século passado se manifestou o contraste entre liberais e democratas, a corrente democrática levou a melhor, obtendo gradual mas inexoravelmente a eliminação das discriminações políticas, a concessão do sufrágio universal. Hoje, a reação democrática diante dos neoliberais consiste em exigir a extensão do direito de participar na tomada das decisões coletivas para lugares diversos daqueles em que se tomam as decisões políticas, consiste em procurar conquistar novos espaços para a participação popular e, portanto, em prover à passagem – para usar a descrição das várias etapas do processo de democratização feita por Macpherson – da fase da democracia de equilíbrio para a fase da democracia de participação.[71]

Para quem examina essa constante dialética de liberalismo e democracia de um ponto de vista de teoria política geral, fica claro que o contraste contínuo e jamais definitivamente resolvido (ao contrário, sempre destinado a se colocar em níveis mais altos) entre a exigência dos liberais de um Estado

---

(71)   C. B. Macpherson, *The Life and Time of Liberal Democracy,* Oxford University Press, 1977 (trad. it., E. Albertoni (org.), Milão, Il Saggiatore, 1980). Segundo o autor, as quatro fases do desenvolvimento da democracia são a democracia protetora, a democracia de desenvolvimento, a democracia de equilíbrio e, por fim (ainda não realizada), a democracia participativa.

LIBERALISMO E DEMOCRACIA

que governe o menos possível e a dos democratas de um Estado no qual o governo esteja o mais possível nas mãos dos cidadãos, reflete o contraste entre dois modos de entender a liberdade, costumeiramente chamados de liberdade negativa e de liberdade positiva, e em relação aos quais se dão, conforme as condições históricas, mas sobretudo conforme o posto que cada um ocupa na sociedade, juízos de valor opostos: os que estão no alto preferem habitualmente a primeira, os que estão embaixo preferem habitualmente a segunda. Como em toda sociedade sempre existiram até agora uns e outros, o contraste benéfico entre as duas liberdades não é do tipo das que podem ser resolvidas de uma vez para sempre, com as soluções por ele recebidas sendo muitas vezes soluções de compromisso. Infelizmente tal contraste nem sempre é possível: não é possível nos regimes em que, no posto da primeira, há um poder sem limites; no posto da segunda, um poder acima de qualquer controle. Mas contra um e contra outro, liberalismo e democracia se transformam necessariamente de irmãos inimigos em aliados.

# BIBLIOGRAFIA

G. De Ruggiero, *Storia del liberalismo europeo,* Bari, Laterza, 1925, 6ª ed., 1959. Hans Kelsen, *Vom Wesen ulld Wert der Demokratie,Tübingen,* Mohr, 1929 (trad. it., *La democracia,* reunião de escritos de Kelsen sobre o assunto, G. Gavazzi (org.), Bolonha, Il Mulino, 1981) . Harold Laski, *The rise of european liberalism,* Londres, Allen and Unwin, 1936 (trad. bras., *O Liberalismo europeu,* São Paulo, Editora Mestre Jou, 1973). J. H. Hallowell, *The Decline of Liberalism an Ideology With Particular Reference to German Political Legal as Thought,* Berkeley, University of California Press, 1943. S. Shapiro, *Liberalism. Its Meaning and History,* Princeton University Press, 1948. Carl J. Friedrich. *Constitutional Government and Democracy,* Boston, Ginn and C., 1950 (trad. it., Vicenza. Neri Pona, s. d.). A. Ross, *Why Democracy?,* Cambridge, Mass., Harvard University Press, 1952. I. H. Hallowell, *The Moral Foundation of Democracy,* The University of Chicago Press, 1954. I. A. Schumpeter, *Capitalism, Socialism and Democracy,* Londres, Allen and Unwin, 1954 (trad. bras.,

LIBERALISMO E DEMOCRACIA 99

Rio de Janeiro, Zahar, 1980). Robert A. Dahl, *A Preface to Democratic Theory*, The University of Chicago Press, 1956. J. L. Talmon, *The Origins of the Totalitarian Democracy*, Londres, Secker & Warburg, 1952 (trad. it., Bolonha, Il Mulino, 1952). A. Downs, *An Economic Theory of Democracy*, Nova York, Harper & Row, 1957. L. S. Feuer, *Spinoza and the Rise of Liberalism*, Boston, Beacon Press, 1958. F. A. Hermens, *The Representative Republic*, University of Notre Dame Press, 1958 (trad. it., Florença, Vallecchi, 1968). F. Hayek, *The Constitution of Liberty*, The University of Chicago Press, 1960 (trad . it., *La società libera*, Florença, Vallecchi, 1969). K. R. Minogue, *The Liberal Mind*, Londres, Methuen, 1963. I. Agnoli, *Die Transformationen der Demokratie*, Berlim, Voltaire Verlag (trad. it., Milão, Feltrinelli, 1969). *The Liberal Tradition from Fox to Keynes*, Londres, Clarendon Press, 1967. Umberto Cerroni, *La libertà dei moderni*, Bari, De Donato, 1968. L. Strauss, *Liberalism Ancient and Modern*, Londres, Basic Books, 1968 (trad. it., Milão, Giuffré, 1973). Giovanni Sartori, *Democrazia e definizioni*, Bolonha, Il Mulino, 3ª ed., 1969. D. F . Thompson, *The Democratic Citizen, Social Science and Democratic Theory in the Twentieth Century*, Cambridge University Press, 1970. André Vachet, *L'idéologie libérale. L'individu et el son propriété*, Paris, Editions Anthropos, 1970. R . D. Cumming, *Human Nature and History. A Study of the Development of Liberal Political Thought*, The University of Chicago Press, 1971, 2 vols. V. Zanone, *Liberalismo Moderno, in Storia delle Idee politiche economiche sociali,* vol. 6, *Secolo Ventesimo*, Turim, Utet, 1972. G. Calogero, *Difesa dei liberalsocialismo ed altri saggi*, M. Schiavone e D. Cofrancesco (orgs.), Milão, Marzorali, 1972. Nicola Mateucci. *Liberalismo in un mondo in trasformazione*, Bolonha , Il Mulino, 1972 . *European Liberalism,* M. Salvadori (org.), Nova York, John Wiley, 1972. *Teoria e critica della liberaldemocrazia. Testi documenti per un'interpretazione Alternativa,*

100 NORBERTO BOBBIO

M. Fedele (org.), Bari, De Donato, 1972. *Demokratie*, in *Historische Grundbegriffe*, Stuttgart, Ernest Kletl Verlag, vol. I, 1974 . *The Open Society in Theory and Practice*, D. Germino e K. von Beyme (orgs.), Martinus Nijhoff, The Haia, 1974. D. J. Manning, *Liberalism*, Londres. Dent and Sons, 1976. M. Matleucci, *Organizzazione del potere e libertá. Storia del constituzionalismo moderno*, Turim, Utet, 1976. M. di Lalla, *Storia del liberalismo italiano*, Florença, Sansoni, 1976. Roberto Mangabeira Unger, *Law in Modern Society Toward a Criticism of Social Theory*, Nova York, The Free Press, 1976. R. M. Unger, Knowledge *Politics*, Nova York, The Free Press, 1976 (trad. it., Bolonha, Il Mulino, 1983). Robert A. Dahl, *Poliarchy Participation and Opposition*, New Haven, Yale University Press, 1971 (trad. it., Franco Angeli, 1981). E. Ruffini, *La ragione del più. Ricerche sulla storia del principio di maggioranza*, Bolonha, Il Mulino, 1977. Massimo Salvadori. *The Liberal Heresy Origins and Historical Development*, Londres, Macmillan, 1977 (trad. it., Bolonha, Forni, 1979, 2 vols.). M. Freeden, *The New Liberalism. An Ideology of Social Reform*, Londres, Clarendon Press, 1978. F. A. Hayek, *Legislation and Liberty*, Londres, Routledge and Kegan Paul, 1973-1978, 3 vols. F. A. Hayeck, *Liberalismo*, in *Enciciopedia del Novecento*, vol. 3, Roma, Istituto dell'Enciclopedia Italiana, 1978, *Western Liberalism. A History in Documents from Locke to Croce*, E. K. Bramsted and K. J. Melhuish (orgs.), Londres-Nova York, Longmans, 1978. G. Bourdeau, *Le libéralisme*, Paris, Éditions du Seuil, 1979. Ralf Dahrendorf, *Intervista sul liberalismo e l'Europa*, V. Ferrari (org.), Bari, Laterza, 1979. L. Guerci, *Libertà degli antichi e libertà dei moderni*, Nápoles, Guida, 1979. J. R. Pennock, *Democratic Political Theory*, Princeton University Press, 1979. C. B. Macpherson, *The Life and Time of Liberal Democracy*, Oxford University Press, 1977 (trad. it., Milão, Il Saggiatore, 1980). E. Cuomo, *Profilo del liberalismo europeo*, Nápoles, Esi, 1981. N. Bobbio, C.

Offe, S. Lombardini, Democrazia, *Maggioranza e minoranze*, Bolonha, Il Mulino, 1981. N. Matteucci, *Il liberalismo in una democrazia minacciata*, Bolonha, Il Mulino, 1981. S. Rola Ghibaudi, *Liberalismo. L'ideologia*, in *Il mondo contemporaneo*, vol. 2: *Storia d'Europa*, Florença, La Nuova Italia, 1981. J. Steinberg, *Locke Rousseau and the Idea of Consent. An Inquiry into the Liberal-Democratic Theory of Political Obrigation*, Westpoint, Conn., Greenwood Press, 1981. F. Tessitore, *Profilo dello storicismo politico*, Turim, Utet, 1981. P. Viulante, *Lo spazio della rappresentanza. Francia 1788-1789*, Palermo, Renzo Mazzone Editore, 1981. R. Vivarelli, *Il falimento del liberalismo. Studi sulle origini del fascismo*, Bolonha , Il Mulino, 1981; *Socialismo liberale e liberalismo sociale. Esperienze e prospettive in Europa*, Bolonha. Forni, 1981. N. Bobbio, *Democrazia in dizionario di politica*, Turim, Utet, 2ª ed., 1983 (trad. bras., Brasília, Editora Universidade de Brasília, 1986). N. Matteucci. *Liberalismo, in dizionario di politica*, idem.

# SOBRE O AUTOR

Norberto Bobbio, um dos mais respeitados cientistas políticos do século XX, nasceu em Turim, Itália, em 1909. Foi professor nas Universidades de Siena, Pádua e Turim, onde foi catedrático desde 1948, gerindo as disciplinas de Filosofia do Direito e Filosofia Política. Em julho de 1978, com o afastamento de Giovanni Leoni da Presidência da República, teve seu nome cogitado para o cargo (era a primeira vez que uma personalidade não parlamentar merecia tal distinção). Militante do Partido Socialista Italiano, foi senador vitalício da República.

É autor de *Sociedade e estado na filosofia política moderna* (em colaboração com Michelangelo Bovero, 1979, Brasiliense, 1986); *Estudo sobre Hegel* (1981), (Brasiliense/Ed. da Unesp, 1989); *O futuro da democracia; estado, governo e sociedade* e *Qual socialismo?* (os três pela Ed. Paz e Terra); *O conceito da sociedade civil* e marxismo e *Estado* (ambos pela Ed. Graal); *A teoria das formas de governo e dicionário de política,* em colaboração com Mateucci (ambos pela Editora da UnB); *Política e cultura* (1955), *Da Hobbes a Marx* (1964), *Saggi sulla scienza politica in Italia* (1967), *Una filosofia militante: studi su Carlo Cattaneo* (1971), *Il problema della guerra e le vie della pace* (1979), e *Maestri e compagni (1984).* Ele faleceu em 9 de janeiro de 2004, em Turim.